"互联网+"
网络营销推广实战宝典

陶红亮 编著

中国华侨出版社

图书在版编目（CIP）数据

"互联网+"网络营销推广实战宝典 / 陶红亮编著.
—北京：中国华侨出版社，2015.12
ISBN 978-7-5113-5829-5

Ⅰ.①互… Ⅱ.①陶… Ⅲ.①网络营销
Ⅳ.①F713.36

中国版本图书馆 CIP 数据核字（2015）第 296327 号

"互联网+"网络营销推广实战宝典

编　　著	陶红亮
策划编辑	周耿茜
责任编辑	文　喆
责任校对	王京燕
封面设计	一个人·设计
经　　销	新华书店
开　　本	710 毫米×1000 毫米　1/16　印张/17　字数/190 千字
印　　刷	北京中印联印务有限公司
版　　次	2016 年 2 月第 1 版　2016 年 2 月第 1 次印刷
书　　号	ISBN 978-7-5113-5829-5
定　　价	32.00 元

中国华侨出版社　北京市朝阳区静安里 26 号通成达大厦 3 层　邮编：100028
法律顾问：陈鹰律师事务所

编辑部：(010) 64443056　64443979
发行部：(010) 64443051　传真：(010) 64439708
网　址：www.oveaschin.com
E-mail：oveaschin@sina.com

前言

自从李克强总理在政府工作报告中提出"互联网+"之后,这个词语就像一场飓风席卷了中国,各大媒体纷纷将其搬上头条,试图解读"互联网+"的深层次含义。在此之前,大多数人对这个词语还是完全陌生的,但是没过几天就在谈论共同的话题了——"互联网+"是什么?"互联网+"该怎么做?

"互联网+"的理念并不是凭空出现的,早在2012年11月,易观国际董事长兼首席执行官于扬在第五届移动互联网博览会上就已经提出了。他认为，在未来"互联网+"公式应该是所有行业共同遵守的，在未来实体经济的产品和服务将与互联网络的多屏全网跨平台用户场景结合在一起。目前腾讯、阿里巴巴、百度等国内互联网巨头已经在尝试实现这一理想，并形成了一定规模的产业生态系统。以腾讯为例，腾讯开放平台上的应用总数已达240万项，涵盖娱乐、生活、教育等各个方面，创业人数达500万，覆盖全国一、二、三线城市，合作伙伴总体估值超过2000亿元。

在互联网高速发展的今天，"互联网+网络营销"已经是大势所趋。2015年3月，马化腾作为全国人大代表，在全国两会上提交了《关于以"互联网+"为驱动，推进我国经济社会创新发展的建议》的议案，提议以"互联网+"为驱动，鼓励产业创新、促进跨界融合，推动我国经济发展。马化腾表示，"互联网+"是指利用互联网的平台、信息通信技术把互联网和包括传统行业在内的各行各业结合起来，从而在新领域创造一种新生态。

也可以这样理解，"互联网+"正是网络营销的一个方面，是网络营销在新时代的表现形式。网络营销出现的时间比较早，例如Hotmail在推广阶段就使用了网络营销。Hotmail的营销方式十分简单，就是在每封邮件的结尾附上一个链接：现在就获取您的Hotmail免费信箱。然而就是这样简单的一句话，像病毒一样在互联网上快速传播，仅仅一年时间，就让Hotmail的用户从50万变成1200万。

可以看见，网络营销在当时就已经得到了很好的运用，而那还是在1997年，当时的互联网远远不像今天这么普及。

早期的网络营销大多采用打广告的形式，电脑发挥的作用和电视差不多，但是在今天，人们在网络上不仅能够看到广告，还可以直接购买东西！京东、淘宝之类的电商网站采取的物流配送，将货物直接送到消费者手中，而在美团上拍下的促销套餐，则需要消费者前往指定商店获取。这说明"互联网＋网络营销"已经实现了，而李克强总理希望将它进一步推广，让社会上的各种产业都可以和互联网结合起来，利用网络的便捷，加速社会经济的发展。

在"互联网＋网络营销"刚开始出现的时候，国内出现了一些担忧的声音，他们担心这种经济模式会打击实体经济的发展，甚至是摧毁原本的市场，事实证明这种担心是毫无必要的。"互联网＋网络营销"并不是要颠覆传统行业，而是要帮助它们实现更新换代。手机QQ、微信出现之后，移动、联通、电信这三大传统运营商如临大敌，他们从话费和短信费用中获取的营业额直线下降，但是数据流量业务的收入大幅度提升，远远超过了下降的部分。在交通领域，出租车的运营权一直被出租车公司所垄断，而Uber、神州打车、滴滴打车等打车软件的出现，抢占了出租车的市场，使消费者获得了便利。尽管社会上对于打车软件仍然有许多争议，但是我相信打车软件一定可以推进出租车市场的改革，让资源能够得到更合理的配置。

"互联网+"早已渗透进生活中的方方面面,"互联网+金融""互联网+零售""互联网+医疗"等已经出现,给人们带来了很多的便利。利用网络的优势,传统企业有了更广阔的市场。

目录

第一章 "互联网+"时代已经到来

"互联网+"是一种新型的商业模式,但是它已经成为网民和主流媒体热烈讨论的对象。在全球市场持续低迷、中国经济面临挑战的时候,国家提出"经济软着陆"的概念,而"互联网+"则被看作实现经济转型的希望,这一切都说明,"互联网+"时代已经到来。

一、"互联网+"究竟是什么 / 002

二、"互联网+"实现经济软着陆 / 004

三、"互联网+"的发展方向 / 007

四、"互联网+"的发展趋势 / 011

第二章 越来越热的网络营销

在中国,网络营销已经不是一件新奇的事物了,实际上网络上充斥着各种各样的广告,可以说只要有网络的地方就有网络营销的身影。然而,大部分人并不了解网络营销,对于网络营销的具体方式还很陌生,许多从事该行业的企业或个人往往因此走了弯路。

一、网络营销的含义是什么 / 016

二、网络营销和电子商务 / 020

三、网络营销和网络推广 / 024

四、网络营销的重要性及策略 / 028

第三章　营销推广，登上广阔的平台

网络营销是营销的一种表现形式，同样需要推广。而搜索引擎是网络世界的入口，也是网络推广最重要的平台，这就涉及 SEO。SEO 是指对网站进行调整，以提高网站在搜索引擎中的排名，从而获得更多的点击率。

一、SEO，一举两得的选择 / 034

二、软文，宣传与文章完美的结合 / 053

三、博客，交流互动大舞台 / 073

四、论坛，随时随地畅所欲言 / 092

五、图片，更具吸引眼球的魅力 / 103

六、淘宝直通车，价格早知道 / 116

七、IM 营销，闪动中的交流 / 124

第四章　营销手段和网络高科技的碰撞

网络为企业提供了各种各样的营销工具,从早期的搜索引擎营销、论坛营销到后来的博客营销、QQ群营销,再到现在的微信营销、微博营销,每一款互动交流软件风行的时候,都有可能成为网络营销的工具。通过这些软件,网络营销达到了前所未有的繁荣。

一、微博营销,分享简单快乐 / 132

二、微信营销,免费快发所向披靡 / 139

三、二维码营销,简简单单的美丽 / 145

四、E-mail营销,快速实用的"伊妹儿" / 152

五、视频营销,画面语言强强结合 / 158

六、娱乐营销,无娱乐不营销 / 165

七、事件营销,小事件中的大效应 / 171

八、线下营销,让营销无所不在 / 178

九、经典案例再现 / 184

第五章 后端营销，挖掘客户最大价值

网络营销人员最看重的是流量，认为只要有了流量，网站就可以维持下去，销售业绩也能得到提升。但是在争取流量的时候，很多人忽略了后端营销的重要性。简单来说，前端营销是为了争取客户，而后端营销争取的则是回头客，留住一个老客户，比争取一个新客户更有意义。

一、数据库，数据也是一种语言 / 200

二、客户终身价值，吸引新客户维护老客户 / 205

三、客户转介绍，拓展营销的圈子 / 210

第六章 免费营销策略

在很多人看来,免费赠送只会减少利润,是绝对不能做的,他们会抓住一切可能的机会,赚取每一分可能赚到的钱。实际上,免费才是最有效的营销手段,免费能够迅速抓住客户,在最短的时间内推广产品。在互联网快速发展的今天,免费策略有了更广阔的空间。

一、网络免费,时代涌动的浪潮 / 218

二、免费策略,多方地应用 / 224

三、免费实质,最终为了收费 / 231

四、经典案例再现 / 238

第七章　网络营销的误区及困惑

网络营销拥有传播快、成本低、效果好等优点，但是这并不代表网络营销是万能的，更不能说只要做了就能取得良好的效果。许多老练的网络营销精英在接触项目时，仍然有可能不见成效，原因就是他们并未注意到网络营销的误区，被这些看不见的绳索捆绑住了，制约了自身的发展。

一、网络营销的两大误区 / 244

二、网络营销的困惑 / 250

第一章 "互联网+"时代已经到来

"互联网+"是一种新型的商业模式，但是它已经成为网民和主流媒体热烈讨论的对象。在全球市场持续低迷、中国经济面临挑战的时候，国家提出"经济软着陆"的概念，而"互联网+"则被看作实现经济转型的希望，这一切都说明，"互联网+"时代已经到来。

一、"互联网+"究竟是什么

"互联网+"是一种经济形式,而不是具体的方法论,所以它的内容十分广泛。从大的层面上来说,"互联网+"就是互联网平台和传统行业的结合,利用互联网提升经济。例如互联网金融,由于与互联网的相结合,诞生出了很多普通用户触手可及的理财投资产品,如余额宝、支付宝以及P2P投融资产品等。

互联网普及之后,网络营销便已经出现,而"互联网+"也随之出现,它们改变了我们身边很多传统行业的运营模式。例如网络上出现的饿了么、百度外卖等外卖网站,优酷、土豆等视频网站,美团、拉手等团购网站,百合网、世纪佳缘等相亲网站。从以上的例子中可以看出,"互联网+"并不是遥不可及的,它就在我们的身边。

　　"互联网+"的实现是一个过程，它早已开始了对传统行业的改造，但是速度比较缓慢。例如，医疗行业早就已经有了"互联网+"的服务模式。人们在网络上能够使用在线问医生、在线挂号、查询药品和查询病症等功能，但是想要治病的话，仍然需要去医院，该吃什么药、该怎么治仍然需要和医生面对面交谈，否则医生也很难了解病情的发展程度。除此之外，化验、拍片、开处方药等必须通过医院进行。但是造成国内看病难的根本原因是医疗资源的匮乏，这是"互联网+"无法解决的，所以它并不能根除看病难的情况，只能起到一定的缓和作用。

　　"互联网+"是开放的，每个人都可以参与其中，必然会对垄断行业带来冲击，例如Uber、滴滴等打车软件对出租车行业的冲击，支付宝、余额宝对银行业的冲击等。所以，"互联网+"在中国能够发挥多大的作用，关键还是要看政府的开放程度。

二、"互联网+"实现经济软着陆

现在的中国比以前更加开放,和国际金融的关系更加紧密,所以西方许多国家才对中国的经济走向十分关心,在他们看来,中国的经济能否稳定下去、实现软着陆、始终保持经济增长,对于日益严峻的国际经济形势是十分重要的。20世纪,互联网开始在中国普及,但是由于上网成本和技术水平的限制,网络和线下经济之间的关联并不大。经过20年的发展,网络早已成为人们的一种生活方式,人们可以利用网络解决生活问题,"互联网+"的条件已经成熟。

作为一种新兴经济,"互联网+"有以下几种特征:

1. "互联网+"代表了互联网可以和实体经济实现跨界融合,

"互联网+"就是中国经济的变革。只有敢于跨界，才能为创新提供更为坚实的基础，只有实现互联网和实体经济的融合，web3.0群体智能才会实现。中国互联网元老、宽带资本田溯宁说："未来的企业要互联网化，每家企业都要有互联网的思维。在未来不用互联网方式来思考问题，就没办法在社会展开竞争。"

2. "互联网+"的特质是创新驱动，更能体现人民的劳动价值。中国以往的经济增长方式是粗放的资源驱动型，它虽然提升了中国的经济实力，但是这种增长方式本身含有经济效率低、污染大等缺点，已经不符合中国经济发展的需求，所以"互联网+"正是中国经济实现软着陆的关键点。

3. 互联网打破了原有的社会结构、经济结构、地缘结构、文化结构，因此"互联网+"要求更加开放的经济政策，才能实现"全民创新"的目标，而垄断会降低人民创新的热情，损害国家的经济发展。

4. "互联网+"更加注重人性。互联网的力量来源于对人性的尊重、对用户体验的敬畏、对创造性的重视。

5. 对于"互联网+"来说，开放的生态是非常重要的，因为互联网的基本特征就是信息的开放。推进"互联网+"，最重要的就是要去除制约创新的因素，让市场决定创新的走向，让创业者有实现价值的机会。

6. "互联网+"的基本目标是连接传统企业，连接是有层次、有差异的，连接的范围决定了"互联网+"能够发挥的作用。连接一切，就可以实现中国经济的软着陆。

7. 随着全球互联网产业规模的不断扩大，互联网的重要性逐步提升。在"互联网+"的模式下，互联网是改造者而不是主导者，政府仍然需要发挥监管和引导的作用。

有的人认为，"互联网+"会蚕食传统行业的市场空间。例如，淘宝的出现，打垮了一大批实体店，甚至有人喊出"淘宝不死，中国不富"的口号来。事实上，"互联网+"不会摧毁传统行业，而是会推动经济模式的转型，以往做实体店的转移到了网络上，而网络购物的发展又带动了物流行业的快速发展。"互联网+"给用户带来了更多的选择，为他们提供了便利，所以一定会让经济更加繁荣。但是在此过程中，如何制定出符合国情的行动计划，仍然是需要思考的问题。

三、"互联网+"的发展方向

"互联网+"强调的是互联网与传统产业的跨界融合,从目前的形势来看,"互联网+"主要有互联网+工业、商贸和金融三个重要发展方向。

互联网+工业

我国是工业大国,但是和发达国家工业生产的科技水平仍然有较大的差距,再加上产能过剩等问题的困扰,工业急需转型。"互联网+"工业,也就是让传统的制造工厂采用移动互联网、云计算、大数据、物联网等信息通信技术,改造研发与生产的方式。2014年,中国互联网协会工业应用委员会宣告成立,该组织为国家级组织,象征着"互联网+"工业的时代已经到来。

2015年2月3日，安徽奇瑞汽车携手易到用车、博泰集团，在北京签署了战略合作协议，共同打造"互联网智能共享电动汽车"。产品计划在2016年推出，也许到时候你就会发现根本不需要花钱买车，只需要在互联网上动动手指，就可以享受到随时随地、随叫随到的汽车服务。互联网技术的运用，可以让企业更快得知市场的实际需求，根据市场决定生产规模和种类，因此互联网和工业紧密结合带来的影响是不可估量的，足以成为新一轮的工业革命。例如，传统的手机生产模式是先生产、后销售，而小米却开创了先销售、后生产的模式，避免了产能浪费。

德国提出了"工业4.0"，美国提出了"工业互联网"，德国与美国的工业水平是全球最高的，而我国尚处于后工业化时期。这些发达国家对待互联网是这么的重视，我国又怎么能够忽视"互联网+"工业的意义呢？

互联网+商贸

同工业相比，互联网和商贸领域融合的历史相对较长。电子商务出现的时间较早，并已得到广泛运用，目前仍在快速发展。

企业自营电商。自营电商的特征是标准化，从采购到生产，再到产品展示、在线交易，以至最终通过物流送到消费者的手中，自营电商全部采用统一进行的方法，实现"从工厂直达顾客（F2C）"的销售模式。通过自建立交易平台，企业减少了渠道环节，因此能

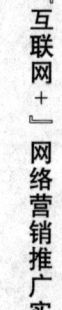

够降低销售费用，而且可以和顾客建立直接联系，了解顾客的实际需求，以便于改进产品。我国的自营电商以京东、科通芯城等为代表。

B2B电商平台。我国的B2B电子商务一直保持较快的增长速度，2014年交易规模已经达到9.4万亿元人民币，比2013年增长了15.37%。目前主要的电商平台仍以提供广告、品牌推广等信息服务为主，例如阿里巴巴、慧聪网、华强电子网等。

出口跨境电商。这种商务模式出现的时间也比较早，主要可以分为出口跨境型平台（速卖通，敦煌网）和出口跨境型企业（DX，兰亭集序）两类。我国的跨境电子商务试点是在2008年金融危机时逐步开始发展起来的，到了2010年已经进入了高峰期，截至2014年进出口总额已突破30亿元。

互联网+金融

2014年11月19日，国务院召开了常务会议，关于"缓解融资难、融资贵"的讨论进行了一个多小时，李克强总理说，虽然国家对融资提出了一系列措施，但是在很多地方，融资难、融资贵的问题并没有得到很好的改善。在实体经济不景气、中小企业财务报表不规范、抗击风险能力弱、贷款不易管理等因素的影响下，银行不愿意冒险放贷，而是选择"贷大不贷小"。一些银行虽然愿意放贷，但是收取高额的费用。

实体经济不景气导致银行不敢放贷，但是中小企业贷不到款便难以改善生存状况，反而进一步制约了实体经济的发展，形成恶性循环。而互联网＋金融可以整合企业经营的数据信息，使金融机构能够快速了解企业的生产经营情况，有效地减轻了借贷双方的疑虑，进而提升贷款效率。目前，我国的互联网＋金融主要表现为 P2P 网络信贷、众筹和互联网银行等。

除了这些以外，互联网＋医疗、互联网＋交通、互联网＋教育、互联网＋公共服务等新兴模式也在快速发展。可以肯定的是，随着"互联网＋"的深入发展，互联网必将带动国民经济的优质、快速发展。

四、"互联网+"的发展趋势

从目前来看,"互联网+"成为热谈,发展速度也很快,但是同传统的销售模式相比,"互联网+"仍然处于初级阶段,并没有得到落实,很多人并不知道究竟该怎么做。其实,根据线上、线下相结合的特点,大致可以推断出"互联网+"的发展趋势。

政府成为主导者

"互联网+"是全国性的,它的推进过程不可能一帆风顺,只有政府能够成为主导者。政府的积极作用有:

1. 表彰符合政策并取得良好效果的企业,让它们成为模范;
2. 挖掘那些有潜力的企业,将它们扶植成为"互联网+"企业;
3. 将"互联网+"政策在地方上推广,结合各地的实际情况,

建立"互联网+"产业园,为新型企业的发展提供便利;

4. 从国外引进先进的"互联网+"技术,同中国的企业进行交流;

5. 深化企业间的交流与合作,推进"互联网+"的快速发展;

6. 制定法律法规,打击不法企业。

"互联网+"服务商崛起

"互联网+"的兴起也会带动起相关的服务行业,就像淘宝出现之后,很快就有人写出了有关淘宝开店的书籍一样。这些服务商不会直接从事"互联网+"企业的生产、制造、销售过程,而是充当类似于中介的角色,为线上、线下的合作提供服务,以双方对接成功后的服务费用及各种增值服务费用为盈利模式。

"互联网+"职业培训

"互联网+"的优势很明显,但并不是所有人都会做,随着"互联网+"的推广,相关的培训机构一定会呈现出井喷式的增长,甚至还会列入教育部的教学范围。在线教育领域,职业教育一直是很火的教育类型,同时市场份额也占的比较大,每年都会有很大的进步。在"互联网+"这一轮热潮中,针对互联网+职业教育会兴起,可以具体细分到每个工作岗位的具体工作。而这些培训机构本身也有可能采用"互联网+"的模式,比如网上出现的许多在线教育机构,它们不需要线下教室,一切教学活动都可以通过互联网进行。

O2O 成为热门销售形式

O2O（线上与线下 Online To Offline）已经受到人们的重视，并得到初步运用。例如，消费者在美团网上看到商家发售的电影票，就可以直接下单、支付，在电影开场之前，在电影院的取票机上取出电影票即可。O2O 算不上商业模式，更贴切地说它是一种销售形式，传统企业可以利用这种形式改变原有的商业模式，扩大销售范围，提升销售业绩。

随着移动网络和在线支付的快速发展，O2O 一定会成为传统企业转换商业模式的首选。作为中国最大的两家互联网公司，腾讯和阿里巴巴都已将目光锁定在 O2O 上。以腾讯为例，马化腾曾经多次强调，腾讯和微信就是要在中国大量推广二维码，二维码是线上和线下的关键入口。用户下单之后，手机上会自动生成一个二维码，凭借这个二维码便可以到实体店换取商品，相当于一个收据。

打响传统企业的并购战

"互联网+"宛如一阵飓风席卷了中国市场，给许多传统企业带来了巨大的冲击，在这个过程中，市场将会遵循优胜劣汰的原则，淘汰掉一批跟不上时代的企业，并将其余企业的资源重新整合，形成一个新的市场格局。入股与并购是传统企业互联网化最快捷的方式，互联网企业投资传统企业已经屡见不鲜，传统企业投资互联网企业的案例也不在少数。这种投资的效果比传统的高薪挖走运营团队或者引入人才更好，因为引进团队和人才需要很长的时间去磨合，但是直接收购或投资却可以保留原有企业的整体架构，双方的业务及职工不会冲突。近几年来实体行业的萧条与不景气，使得大量拥有巨额资本的企业开始着眼互联网。

不同的人有不同的经历，对"互联网＋"的认识也会有所不同，因而会有不同的选择。"互联网＋"在中国仍属新兴行业，各个企业之间可供交流的成功经验很少，因此需要企业不断地探索，制定出符合自身的决策。

第二章　越来越热的网络营销

在中国，网络营销已经不是一件新奇的事物了，实际上网络上充斥着各种各样的广告，可以说只要有网络的地方就有网络营销的身影。然而，大部分人并不了解网络营销，对于网络营销的具体方式还很陌生，许多从事该行业的企业或个人往往因此走了弯路。

一、网络营销的含义是什么

网络营销并不是什么神秘的事情，单纯地从营销的角度来说，可以把网络营销定义为：通过互联网的技术和水平，借助互联网来实现人们的销售过程，满足顾客需求的一种更有效的手段。从这一点来看，它的内容有很多，其中包括新时代的互联网传播媒体、未来的信息高速公路、数字电视网和电子货币支付方式等。网络营销比普通营销更便捷，但是也离不开普通营销的基本手法。网络营销人员要做好市场调查、客户分析、生产监督、销售策略、售后服务等环节。

所以说，网络营销是卖东西的一种方法，只不过放在网络上显得更加便捷。在互联网越来越普及的今天，网络营销的应用也更加广泛，能够掌握这种方法的人，就能在市场上占据一席之地。因此，必须正确理解网络营销。

有很多人也许会认为，网络营销不就是在网上开个网店卖东西吗？其实不是这样的，网络营销的内涵比这大得多，可以说它包括在网上卖东西，同时还包括其他内容。网络营销的目的并不仅仅是促进网上销售，很多情况下还可以表现为企业品牌价值的提升、与客户之间沟通的加强、对外信息发布渠道的拓展和对顾客服务的改善等。而且网上销售的推广手段也不仅仅靠网络营销，往往还要采取许多传统的方式，如传统媒体广告、发布新闻和印发传单等。

网络营销的第二个内容是网站推广，也可以说网站推广是网络营销的基础性内容。现在的企业家非常善于利用网络推广自己的店铺和产品，经常在各个论坛、新闻频道等处打广告。2014年下半年至2015年上半年最火热的网站推广当属微商，朋友们可能仍然能够在朋友圈看见铺天盖地的广告。此外，优酷、爱奇艺等网站的视频广告、SEO优化网站内容或构架以提升网站在搜索引擎的排名、在论坛、博客等处发布的信息，等等，诸如此类的广告信息都属于网站推广的一个方式。但是单纯的网站推广效果并不好，即便刷爆了朋友圈，也不见得会有多少人买你的面膜，这是因为配套的网络营销措施不到位。所以，在开展网络营销的时候，一定要制订出系统的计划，才能达到预期效果。

网络营销也不局限于互联网，因为互联网尚未在中国完全推广开来，仍然有许多人不会上网或不经常上网。他们可能不知道如何去查询信息。因此，一个完整的网络营销方案，除了在网上做推广之外，还有必要利用传统营销方法，将网上和网下结合起来。

网络营销和电子商务有着密不可分的联系，电子商务强调的是电子交易的基础或形式，也可以简单地理解为电子商务就是电子交易。可以说网络营销是电子商务的基础，在具备开展电子商务活动的条件之前，企业同样可以开展网络营销。因此，网络营销只是一种手段，在今天，无论传统企业还是互联网企业都离不开它，但网络营销本身并不是一个完整的商业交易过程。

网络营销不是孤立存在的，它无法脱离传统的营销部门。许多企业并不了解这一点，在它们看来，网络营销只不过是找些人做做网站、发发帖子罢了，企业的传统营销部门却几乎不参与，这样一来，网络营销最终成了网络公司的表演秀，跟企业没多大关系。事实上，网络营销应纳入企业整体营销战略规划。网络营销活动不能脱离一般营销环境而独立存在，它应该被当成是传统营销在互联网上的应用和发展。网络营销与传统市场营销策略之间并不冲突，但由于网络营销依赖互联网应用环境而具有自身的特点，因而有相对独立的理论和方法体系。在营销实践中，往往是传统营销和网络营销并存。

综合起来说，推行网络营销不是根本目的，它只是一种手段而已，最终目的仍然是帮助企业提升销售业绩。它具有明确的目的和手段。所有企业的网络营销的总和，就是一个网络交易环境，也就是综合利用各种网络营销方法、工具、条件并协调它们之间的相互关系，从而更加有效地实现企业营销的目的。

二、网络营销和电子商务

在开始讨论网络营销和电子商务之间的关系之前,我们十分有必要了解一下什么是电子商务,以及电子商务的基本运作模式。

电子商务的英文名称是 Electronic Commerce 或 Electronic Business,简称 E-Commerce 或 E-Business,它是一种通过信息网络完成商务活动、交易活动等综合服务活动的交易方式,最显著的表现是它以电子数据信息流通为基础,可以在全世界范围内进行。电子商务最早可以追溯到 1990~1993 年,那时是电子数据交换时代,正式成为中国电子商务的起步期,1996 年金桥网和因特网的正式开通标志着电子商务有了实施的可能,1997 年便已经有广告主使用网络广告了,1998 年中国第一笔互联网交易成功。电子商务的诞生时间

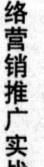

并不长，但是发展速度非常迅速，其发展前景十分看好，已经受到世界各个领域的广泛重视和积极参与，并正以越来越快的速度显著地改变着人们长期以来的各种传统贸易活动的内容和形式。

在中国，最大的电商企业当属淘宝、天猫、京东等企业了。淘宝刚刚起步的时候并不显眼，但是没过几年就横扫网络，出现了全民开网店的盛况，许多传统店铺受到了极大的冲击，而随着网络交易的盛行，顺丰、圆通等快递公司也强势崛起，此外，京东、淘宝、亚马逊等公司还专门建立了自己的物流公司。由此可见，电子商务的发展速度及影响是多么惊人。

由于电子商务的种种特点，人们已经对它有了足够的重视，但是至今为止仍然没有统一、规范的认识。出于各自的商业目的，电子商务的主要推动者——IT厂商也对此各执一词。这使得人们对电子商务的概念更不理解了。WTO认为电子商务是通过电子方式进行货物和服务的生产、销售、买卖和传递。而《中国电子商务蓝皮书：2001年度》中提出，电子商务是指通过网络完成的商务交易，其交易内容可分为商品交易和服务交易，交易是指货币和商品的易位，交易要有信息流、资金流和物流的支持。

电子商务的范围十分广泛，其中的主要参与者为代理商（Agent、即A）、商家（Business、即B）和消费者（Consumer，即C），按照这三者之间的关系，可以把电子商务大致划分为以下几种：

1. 企业对企业（Business-to-Business，即 B2B）；

2. 企业对消费者（Business-to-Consumer，即 B2C）；

3. 个人对消费者（Consumer-to-Consumer，即 C2C）；

4. 企业对政府（Business-to-Government，即 B2G）；

5. 线上对线下（Online-to-Offline，即 O2O）；

6. 商业机构对家庭（Business-to-Family，即 B2F）；

7. 供给方对需求方（Provide-to-Demand，即 P2D）；

8. 门店在线（Online-to-Partner，即 O2P）。

其中最主要的是企业对企业（B2B）和企业对消费者（B2C）两种模式。在中国市场上最早出现的是企业对消费者（B2C），也是现在最流行的电子商务内容，大型的交易网站有天猫商城、京东商城、亚马逊等等。消费者对企业（C2B）也正在逐渐兴起，马云等商业界的大佬一致认为这是电子商务的未来。随着中国网民人数的增加，利用网络购物并用电子付款的消费方式已日渐流行，市场份额也在迅速增长，电子商务网站也层出不穷。

电子商务和网络营销之间有紧密的联系，同时也有着很明显的区别。从广义的电子商务来说，所有利用电子完成的商业活动都属于电子商务，而大家通常所说的电子商务只是狭义的网络销售和网络购物，从这一点来看，网络营销是为电子商务服务的。从二者的主要研究内容来看，电子商务的核心是电子交易，它更加偏重于交易的这一个过程，而网络营销是一种营销活动，主要研究的是交易前的宣传和推广。所以，电子商务可以看作是网络营销的高级阶段。

电子商务和网络营销之间也有许多相同点，从实现功能的载体来说，二者都是通过互联网完成的。而且现在电子交易的范围呈现出不断扩大的趋势，实现交易的媒介也不仅仅是电脑，还可以利用手机、iPad、电子现金等完成。可以肯定的是，电子商务的规模一定会不断扩大，在将来会成为最主流的商品交易模式。电子商务和网络营销的成本更低，网络的信息成本比纸质传单、电话、传真等更加低廉，而且信息和物流的通畅也减少了库存的压力，这些都更有利于商品交易。

从以上内容可以看出，网络营销和电子商务之间有很强的联系，也有一定的差别，对新兴的交易方式感兴趣的朋友们要弄清楚二者究竟是什么，花个几分钟的时间知道它们是什么，也方便理解后面的内容。

三、网络营销和网络推广

总的来说，网络推广就是网络营销的其中一个内容。网络营销偏重于营销层面，注重通过营销产生的实际效益，而网络推广则注重通过推广后给企业带来更大的知名度和影响力，常常表现为网站流量、访问量、注册量、世界排名等的上升。所以说，网络营销必须包括网络推广，这是其核心内容。

网络推广是以产品为核心的，没有哪个企业会花钱做无用功。从以因特网为主要载体的网络来说，它的主要工作内容就是建立网站，然后通过各种渠道给网民展示其产品。常见的推广方式是整体推广、百度推广、谷歌推广、搜狗推广、搜搜推广（CPC，CPS，CPV，CPA）等。狭义地说，网络推广的载体是互联网，离开了互联网的推广就不算是网络推广。

网络推广的被推广对象范围很广，并不固定，包括企业、产品、政府及个人，等等。在2009年，中国有93%的企业没有尝试过网络推广，而这一比例在有些发达国家只占16%，这说明中国的网络推广还处于萌芽阶段。目前政府正在鼓励"互联网+"的运营模式，所以中国的网络推广规模一定会越来越大的。

网络推广主要着重于"推广"二字，目的是利用各种网络推广方法，使产品尽可能让更多的人知道；而网络营销则重在"营销"二字，它更注重的是推广产生的经济效益。读者从这里就可以看出，网络营销的投入远远高于网络推广。网络推广的要求相对较低，甚至一个人也可以操作，比如论坛推广，推广人员只需要将帖子发布到指定论坛即可，而网络营销的要求就很高了，投入比较大，不是一两个人能够完成的，需要团队协作来完成。下面我将主要讲述网站推广的相关内容，让读者明白网络推广的运行模式。

1. 要确定营销的出发点。也就是市场定位、竞争对手分析，以及客户需求究竟是什么，这些是每一个营销人员必须了解的选项，而且其中的具体知识只有经过实地考察以后才能得出结论。比如说你要弄明白产品或服务的特性，包括产品的种类、尺寸、颜色、原料、做工，等等，不同特质的产品会出现在不同的场合。酒仙网上销售的肯定是酒水，不会在卖酒的同时卖汽车，唯品会的主打则是

"特卖",所以上面的产品自然也是特卖产品。

2. 做好 SEO，SEO 也就是搜索引擎优化（Search Engine Optimization），让消费者能够快速地找到你的网站，提高网站和产品的知名度和影响力，这些内容我将在下文单独列出来，详细讲述其中的要点，这里就不再赘述了。

3. 竞价。这里说的竞价，是从如何利用网络赚钱的角度去考虑，而不是从一个广告主的角度去考虑。在这里，竞价成为一种商业模式，通过购买流量的方式进行盈利。之所以要这么做，是因为流量是网站生存的命脉，没人点击的网站是无法生存下去的，也起不到推广产品的效果。当前网络上有许多购买流量的网站，需要投入的资本也很低廉，1000 个 IP 才几块钱。一般来说，网站竞价主要有两种展示方式，一种是靠搜索引擎进行展示，也就是常说的搜索竞价排名，或者是搜索广告；另一种是通过网站进行展示，可称为网络推广联盟，也就是常说的内容广告。

4. 投放广告。与传统广告一样，互联网上的门户广告也是一种营销手段。这是花费很高的一种网络推广方式，同时也能带来最多的流量，一般来说，只有资本雄厚的站主才会使用此类方式。

5. 视频营销。今年来，随着微电影的广泛传播，视频的数量和质量也在不断提升。一部精心打造的视频可以取得的效果是惊人的，它可以准确地传达出企业的精神，以及产品的特色，让消费者能够快速了解。

6. 发送电子邮件。虽然看起来这是一种很古老的营销方式，但是它也是十分高效的，这也是为什么到现在仍然有许多企业热衷于给客户发送电子邮件的根本原因。发送电子邮件并不是毫无目的地狂轰滥炸，而是事先做好调查，针对潜在的客户发送广告。

以上就是网络推广的几种主要方式，在做网络推广时，一定要注意，不要只盯着推广数据，要注意观察最终的营销效果，因为我们的根本目的是营销。

四、网络营销的重要性及策略

网络营销绝不是可有可无的,在网络发展速度越来越快的今天,善于做网络营销的公司总是能够吸引到更多的注意力,获取更多的社会资源,其重要性不言而喻。具体来说,网络营销可以为企业带来以下几点好处:

1. 建立良好的企业形象。通过网络树立企业和商家的良好形象,不论是商家还是企业,甚至是医院和个人,一个良好的形象和好的口碑效应是必不可少的。

2. 提高企业的知名度。这也是企业形象的一部分,但是二者之间也有一点区别。企业成名的方式有很多,炒作已经不是很新鲜的词语了,对于这一点,我们要特别注意,网络营销指的固然是有利

的一方面，但是也不能在做网络营销的时候太过于突出，成了同行一致攻击的靶子。从这一点来说，一个企业不仅需要优秀的网络营销人员，还要有良好的售后服务，不能给人留下把柄。

3. 扩大企业的市场。城市的发展带来了急剧上升的就业人数，各行各业逐渐趋于饱和，因此生意也越来越难做，但是有的城市也许并没有发展到这一步，将行业转移到那个城市也许更好做一点，从这一点来说，网络便体现出了它的优势。资源整合利用的经济学知识也可以用到网络里面来。

从以上几点可以看出，网络营销的重要性越来越明显，因此，作为网络营销人员，如何利用各种网络营销策略推广企业也成了一件十分重要的事情。

品牌策略。品牌是一个企业最直观的形象，所以网络营销最重要的任务就是为企业的品牌服务，让消费者能够快速记住企业，留下一个好的印象。网络品牌建设是以企业网站建设为基础，通过一系列的推广措施，达到顾客和公众对企业的认知和认可。在一定程度上，网络品牌的价值甚至高于通过网络获得的直接收益。

网页策略。网页策略是一种比较简单的方法，也就是在网络上建立一个自己的网站，让消费者能够有一个非常直观的渠道，一般的中小企业可以选择比较有优势的地址建立自己的网站。建立网站后要有专人进行维护，并注意宣传。

产品策略。所谓的产品策略，也就是指企业必须明确产品或服务能够满足客户的什么需求。定位目标群体，因为产品网络销售的费用远低于其他销售渠道的费用，因此中小企业如果产品选择得当可以通过网络营销获得更大的利润。

渠道策略。渠道策略是指企业应向消费者提供了解、购买企业产品的渠道，让消费者能够用最方便的方式买到产品。这是非常必要的，因为没有人会花费时间和金钱去间接关注某个不相关的企业。为了提高销售能力，企业应该及时在网站发布销售信息、新产品介绍、公司动态等，同时还要提供多种支付模式，比如分期购买、网上支付、货到付款等，让消费者有多种选择。

客服策略。经常上网购物的人肯定不会对客服感到陌生，在购物之前，你可以和客服交流，仔细询问货物的状态、付款方式、使用哪家快递，等等。相对于传统的营销模式来说，消费者和企业在网络上的互动更加方便，传统营销模式依赖于人与人之间的交流，营销手法比较单一，网络营销则可以根据自身公司产品的特性展示和在线交流等模式进行。

价格策略。需要注意的是，价格策略并不只是降价那么简单，实际上它是最复杂的问题。网络上的信息比较开放，消费者可以很容易地掌握同样产品的平均价格，比如淘宝网上就有同种产品的对比功能，点击之后可以看见所有同类产品的价格和状态。所以，如何引导消费者在众多竞争者中选择你的店铺，并做出购买决策，这才是价格策略的关键。店主应从性价比上入手，让消费者感觉用这个价格购买你的商品是最划算的。还可以在某个时段推出低价促销以吸引消费者，也就是常说的促销战，拿出一部分商品和资本做促销，快速吸引目光，之后再恢复价格。

网络营销的策略并不是一成不变的，这需要企业或店主的细心经营。在实际生活中，成功的企业有很多，它们都离不开正确的营销策略。

第三章 营销推广,登上广阔的平台

网络营销是营销的一种表现形式,同样需要推广。而搜索引擎是网络世界的入口,也是网络推广最重要的平台,这就涉及 SEO。SEO 是指对网站进行调整,以提高网站在搜索引擎中的排名,从而获得更多的点击率。

一、SEO，一举两得的选择

域名和主机对 SEO 的影响

域名和主机对推广网站有什么样的影响，会对整体的营销效果产生什么样的作用？

首先来说域名，域名是一串由点分割的名称，用来在数据传输过程中标示出计算机的电子方位，所以域名是独一无二的，经过注册认证的域名是不会重复的。就以 Google 为例，以一个常见的域名为例说明，Google 网址是由两部分组成，标号"Google"是这个域名的主体，而最后的标号".com"则是该域名的后缀，代表的这是一个.com 国际域名，是顶级域名。而前面的"www."是网络名，为 www 的域名。域名的注册遵循先申请先注册的原则，所以它是一种相对有限的资源，随着时间的推移和网络的发展，注册一个合乎心意的域名会越来越难。

那么，域名到底对网站的 SEO 有没有影响呢？答案是肯定的，而且非常重要。网站在做 SEO 时，会按照许多步骤来进行，而对域名的规划总是在最初进行的工作。域名是网站的一块指示牌，一个好听、好记、跟企业相关的域名是非常难找的，一个好的域名对网站的价值是无法估量的。可是，域名究竟有哪些地方需要注意呢？

域名存在的时间越久，越容易获得青睐。对于搜索引擎来说，域名存在的时间是衡量网站质量的一个重要因素。而且域名存在的时间久，也会提升网站的时间、外链、权重。做过网站的人都知道，尤其是在使用域名做新站的时候，搜索引擎会对其外链做继承，权重的话，可能不会那么稳固，收录也会随着时间对进行更新。

域名的长短也有讲究。有人可能会不明白，为什么域名的长短也能影响网站的优化呢？其实，域名的长短不会影响网站的优化，但是它会直接影响到用户的体验。用户体验是非常重要的，逐渐受到搜索引擎的重视。所以，一个长短合理、简明扼要的域名可能会增加用户的体验，比如 Google（谷歌）就比 wikipedia（维基百科）更容易记住。当然，这也不是绝对的，SEO 人员在适当的情况下是可以考虑下域名的长短的。

拼音域名更受喜爱。在中国，拼音域名最容易让人记住，比如百度 baidu.com，淘宝 taobao.com 等。但是这也不代表只有拼音域名才能获得好的效果，一些谐音的词组同样能给人留下深刻的印象，比如新浪 sina.com，搜狐 sohu.com 等。

和域名一样，主机对网站的搜索引擎排名影响同样十分巨大。有些朋友对于主机的概念不是很清楚，"共享主机"、"独立主机"等词语可能让你感到茫然，所以下面我们就来看看这些词语究竟是什么意思。

共享主机

顾名思义，共享主机（Share Hosting）就是要和他人一起使用的主机。商家会把一台主机的服务器划分成若干个虚拟主机，与数百甚至数千个网站共享一台主机服务器的资源，如 CPU、硬盘空间等。正因为如此，共享主机最便宜，但是质量也最差，一旦负荷量变大，网站很容易崩溃。

独立主机

独立主机（Dedicated Server）的费用比较高，但是主机归一人所有，所以速度很快。通常只有流量非常高的网站才需要使用独立主机。

VPS 主机

VPS 主机（Virtual Private Server）中文名为虚拟专用服务器，可以通过某种技术将一台实体主机分割为许多个虚拟专属主机，性价比介于独立主机和共享主机之间，但是它和独立主机一样灵活，价格也比独立主机便宜。

那么，如何选择自己的主机呢？如果企业的规模比较小，建议先使用共享主机，等到网站的流量增加以后，再考虑升级虚拟主机。不过，在寻找主机提供商的时候，也不能只考虑价格的因素，因为你需要多次向搜索引擎（如 Baidu）提交网站，要是搜索引擎一直没有对其进行索引的话，就很有可能是网站所在的服务器出现问题了。所以，在选择服务器的时候要特别注意以下内容。

尽量不要使用免费虚拟主机。免费虚拟主机是在网络服务器上划分出一定的磁盘空间，供用户放置站点、应用组件等。里面经常会出现 spammers、桥页、镜像网站等内容，这些是"搜索引擎垃圾"，是专门欺骗搜索引擎的信息。所以很多搜索引擎不愿意索引免费主机上的网站。而且，免费主机经常会出现服务器超载、速度缓慢的情况，有时甚至会间歇性关闭服务，这些会直接影响到网站的排名和优化。

在转移主机之前，应首先找好新的供应商，并开好账号，等到所有内容都准确无误地传输到新的服务器上之后，再联系原有的供应商，告诉他们将要终止合作。但是你要留出一定的时间，以便联系域名注册商，变更域名的服务器（DNS）。

从上面的内容可以看出，域名和主机对于 SEO 有着深刻的影响，所以在优化网站排名的时候，软件和硬件方面的条件都应该考虑到。

"关键词"真的很关键

说到关键词，就涉及一个十分重要的概念——百度指数。百度指数是指某一个关键词在过去 30 天内的网络曝光率及用户关注度，也就是说，你的关键词被搜索的次数越多，百度指数越高。如何设计一个优秀的关键词，快速吸引人们的关注，对于网站来说是至关重要的，甚至可以说是整个搜索引擎优化的核心内容。

选择合理的核心关键词。关键词包括核心关键词、精准词、拓展词、长尾关键词等，想要做好 SEO 优化，首先你得选取一个合理的核心关键词，然后围绕着它去拓展词组。对于一个企业来说，核心关键词需要使用与公司或产品相关的名词，例如产品名称、企业名称或品牌名等。一般情况下，核心关键词是 2~4 个字的词语，如"华为 P8"在百度上的搜索结果有 40 万条左右，而"华为手机"在百度上的搜索结果达到 470 万条。选择关键词有以下几种技巧：

1. 选择与产品、企业相关的词语。这一点是毫无疑问的，一个卖衣服的企业，肯定会使用服装类的词语，而不会选用手机数码之类的词语。只有选择的关键词和产品有所关联，才能取得最好的效果。

2. 从客户的角度考虑。在选择关键词的时候，要从客户的角度来考虑，要顾及用户的搜索习惯，想一想如果我是客户，我会怎样去搜索，又会使用什么样的关键词。这一点也是非常重要的，因为了解客户的习惯之后，就能根据这一点选择更贴近用户心理的关键词。

3. 拓展关键词。确定了核心关键词以后，就需要将它拓展成一个词组或短语，例如"64"可以拓展为"64位处理器"、"64位旗舰版"、"64码高清网络电视"等，还可以加上企业或品牌的名称，让关键词的指向性更加具体化，如"Windows64位旗舰版"。

判断关键词的热度。由于竞争，很多词语的价值被大大提高，被搜索的次数越多，关键词的价值越高，但是做起来也很困难，因为大家都在做，你要想着从这么多人当中脱颖而出。与之相对的是冷门的关键词，提升排名很容易，但是搜索这个词语的用户很少，也就没什么效果了。那么，怎样判断一个词语的竞争强度呢？下面给大家介绍一些判断方法：

1. 搜索次数。可以通过谷歌关键词工具和百度指数来观察，数值高代表竞争度也高。

2. 竞价推广数量。可以在某个关键词显示的搜索结果中查看竞价排名的数量，以判断该关键词的竞争程度。

3. 竞价价格。通过谷歌的流量估算工具可以查看关键词大致的竞价费用，可以大致反映出关键词的竞争热度。

4. 竞争对手的数量。竞争对手越多，关键词的竞争强度越高。可以通过 intitle 指令返回 title 中包含某个关键词的页面的数量。因为这些网站会在 title 中出现这个关键词，一般来说是有优化的意图的。

5. 查询工具。用户也可以通过百度的"相关搜索"和 Google 的"keyword Sandbox"工具进行关键词的匹配和扩展，以查看有哪些关键词有很多人搜索，同时没有被人广泛使用。

确定关键词的密度。关键词是一个非常重要的东西，但是这并不是说关键词在页面上出现的次数越多越好。这里就涉及关键词的密度。关键词密度是指关键词在网页中出现的频率。网页上通常会有数以百计的词语，那么搜索引擎怎样去分辨哪些是描述你网站的重要的词语呢？搜索引擎会统计你每一个页面的字数。那些重复出现的词或短语被认为比较重要些。搜索引擎利用自身的算法来统计你页面中每个字的重要程度。关键字数与该页面字数的比例称为关键字密度，这是一个搜索引擎优化策略最重要的一个因素。

想要得到一个很好的排名，你的关键词就必须在网页中出现若干次，并且其他内容要围绕着它依次展开，这样才能取得最好的效果。但是关键词的密度也不能过高，否则会造成"关键词堆积"的现象，这种现象在搜索引擎看来是一种作弊行为，有遭到惩罚的危险。目前对关键词密度并没有一个统一的标准，但大多保持在1%～8%之间。

如何提高关键词的排名

上文介绍了关键词的作用和选取方法，一般来说，只要符合以上几点原则，就能筛选出合格的关键词。但是这只是SEO优化的第一步，接下来要做的是如何提高关键词的排名，通过一些方法让你的关键词得到更多的关注。

提高关键词排名离不开网页的优化，因为网页是最基本的载体，网页做得不好，就很难提高关键词的排名。一般的网页设计是由网页设计师制作的，但是他们是设计师，而不是SEO人员，他们只会从设计的角度来思考，更多地考虑网站的美观、创意、实用等方面，而这些对于一个优秀的网站来说，还远远不够。网站策划人员至少要为网页设计师提供一份备忘录，列出各种注意事项，让设计师能够配合做好SEO优化。

第一步便是设计网站的 URL，URL 也就是网址，它直接体现了网站文件的目录结构。在设计 URL 时，要做到阶段清晰、规范，方便用户的使用和体验，做到有利于网址的传播，这也是搜索引擎友好的表现。

1. 目录层次。对于一个小型网站来说，目录的层次一般比较简单，有的只有一层子目录，如 360 动漫的 URL 是 "http://www.360kan.com/dongman/index.html"，这里面 www.360kan.com 是网站的域名，dongman 是一级目录，index 是索引的意思。对于搜索引擎来说，这种目录是最理想的，俗称为扁平结构。它最方便用户记忆，有助于网站的传播。

但是对于一些规模较大的网站来说，这种结构就不适用了，想要完整地展现出网站来，必须使用两到三层子目录，这样才能达到用户想要的结果，例如猎聘网的 URL 是 "http://www.liepin.com/event/landingpage/sojob3.shtml?mscid=t_d_028"。普通人是无法记住这么长的网址的，但是搜索引擎能够抓取两到三层子目录下的文件，但是最好不要超过四层，否则就有可能超过搜索引擎的限度了。

如果网站出于实际需求，必须使用四层或四层以上的页面的时候，也可以通过一些方法来进行优化。一是如果该页面提供了重要内容，可以通过其他网站上的大量外部链接实现搜索抓取，或者是在其他网站的顶级页面上进行链接；二是在网站的首页增加一个链接，这样一来，用户就可以通过首页直接进入到深层页面，而且搜索引擎也能够轻易抓取。

2. 目录和文件命名。可以在目录和文件的名称中使用关键词，如果是关键词组，就需要用分隔符号，如"-"和"_"，也可以使用空格码"%20"。以 made in China 为例，通过这三种使用方法可以表现为：

made - in - china. htm

made _ in _ china. htm

或者 made%20in%20china. htm

在现实中，使用最多的是"-"，因为有些网站尚不认可下划线"_"，而"%20"不便于使用。

3. URL 的设计。URL 应该越短越好，方便记忆，如 http://www.sina.com.cn/。有的人会在 URL 中单独建立一个带有关键词的子目录，但是 URL 本身包含有关键词，所以这种做法纯属多此一举，对于提升排名没有任何帮助。

在设计完 URL 之后，还要注意将动态 URL 转化为静态 URL。因为动态 URL 在由数据库驱动生成之后，往往含有"?"、"%"、"&"等字符，不利于抓取网页，非常影响网站的排名。

4. 网页的内容应合理设计，定时更新。在加入网页内容的时候，最好是原创的内容，尽量少使用被多次转载过的内容，因为原创一方面更加贴合网站的实际需要，另一方面也可以给用户提供新鲜的视角和感受，更能抓住用户的眼球。网站的观点应保持新颖，不要人云亦云，篇幅不宜太长，以 1000～2000 字最好，然后合理分段，让所有内容能够尽收眼底。

研究发现，带有评论功能的网站更容易引起用户的兴趣。让用户评论，实际上是对用户的一种尊重，让他们有发表意见的权利，彼此交流。一篇有争议性的文章往往非常容易火起来，也最容易被人们转载。

5. 导入链接和锚文本。导入链接指的是在网站内容中插入外部链接，而锚文本则分为站内锚文本和站外锚文本。站外锚文本是导入链接的一部分，而站内锚文本和导入链接没有什么关系。

链接是一个网站的灵魂所在，通过链接，用户可以持续获得丰富的内容。一个做得好的网站，它插入的链接应当像流水一样，带着用户层层深入，获取全方位的知识。如果链接选取的不合适，用户的体验就会中断，导致用户对该网站没有兴趣。所以，网站的权重排名（PR 值）也是由外部有多少高质量的链接指向这个网站决定的。

在做完以上所有工作之后，要随时跟踪主要搜索引擎的排名情况，可以将你的网站关键词分别输入 google、百度、haosou 等主要搜索引擎来观看效果。如果效果不好，可以适当进行修改。

评定网页级别的 PR 值

PR 的意思就是网页级别，是英文 Page Rank 的缩写，它是由谷歌的创始人之一拉里·佩奇（Larry Page）提出的，所以这里的 Page 既有网页的意思，也表明了这个名称是以拉里·佩奇命名的。

1. PR 值有什么作用

PR 值是影响网站在搜索引擎中排名的一项重要因素，这一点在 Google 上体现得最明显，因为 Google 采用的核心软件就是 Page Rank。Google 将网站的等级分为 1~10 级，10 级为满分。分数越高，说明该网站在搜索引擎中越重要，Google 给自己的评分是 9，这也体现了 Google 在世界范围内使用的频繁率。一般的网站能达到 4 就已经算达标了，做到 6 就算非常优秀了。在其他条件相同的情况下，PR 值越高的网站在 Google 中的排名越占据优势，在其他搜索引擎的排名结果中也同样如此。

Google 对网页级别的描述是这样的：作为组织管理工具，网页级别利用了互联网独特的民主特性，以及互联网巨大的链接结构。当网页 A 链接到网页 B 的时候，就相当于对网页 B 投了一票，根据网页的得票数就可以大致评定出它的重要性。除此之外，Google 还要分析网页 A 的情况，评级越高的网页的投票，具有更高的权重，有助于提高其他网页的评级，所以要是你的网页被某个大的网站链接了，你的网页就会提升评级。

互联网最终的目的是为用户服务，所以在评定级别的时候，Google 也会将个人网页级别和完善的文本匹配技术结合在一起，为用户找到最重要，同时也是最有用的网页。

2. PR 值的算法原理

想要弄懂 PR 值是如何评定网页的，就要先了解一下 PR 值的计算公式：

$$PR(A) = (1-d) + d[PR(t1)/C(t1) + \cdots + PR(tn)/C(tn)]$$

其中 PR（A）代表的是网页 A 的 PR 值，d 是网站的阻尼指数，也就是投票权值，通常认为是 0.85，t1……tn 代表链接向页面 A 的页面 t1 到 tn，C 代表页面上的外链接数目。C(t1) 即为页面 t1 上的外链接数目。

按照这个算法，如果某个网站上有 10 个外部链接，而且这些外部链接的 PR 值都是 8，其中某个外链网站又有 16 个外部链接，那么这个网站的 PR 值就是：

$$PR(A) = (1-0.85) + 0.85 \times 10 \times (8/16)$$

最终的结果是 4.4。

3. 影响 PR 值的因素

根据这个公式，一个网站的 PR 值会受到以下几方面因素的影响：

第一，外部链接的质量。一般来说，外部链接网站的 PR 值越高，且拥有的链接数量越少的网站，则来自于该网站的外部链接质量越高。举个例子，如果你的网页被百度主页链接了，而且整个页面上就链接了你一个，那么你就很容易获取高额的点击量，网页的 PR 值自然也会跟着上升了。

第二，外部链接的数量，即该网站来自外部网站的链接数量的多少。从理论上来说，数量越多越好，但是实际过程中很多网站经常采用互换链接的方式来提升网站的 PR 值。一些质量不高的外部链接，对于提升网站的 PR 值没有什么帮助，反而可能会影响网站的整体形象，就好比被水平不高的网站拖累了一样。所以，不仅要注意外部链接的数量，还要重视外部链接的质量。

4. 怎样获取高 PR 值

第一，提高网站的导入链接质量。想要获得高 PR 值，需要获得来自以下网站的链接：

加入搜索引擎分类目录；

获得 PR 值不低于 4，并与你的主题有关联的网站的链接；

你的链接出现在流量大、知名度高的网站上；

与你交换链接的网站链接数量较少；

链接的网站内容质量较高。

第二，平衡网站导出链接数。根据上面的计算公式来看，一个网页过多地导出链接将会引起该网页 PR 值的流失，但是从内容的丰富度来看，与主题有关的适当数量的外部链接会给搜索引擎带来良好的印象。所以，一个页面，尤其是网站的首页对导出链接数量的把控，要兼顾 PR 值和关键词内容的平衡。通常情况下，导出链接的数量不要超过 10 个。

第三，提高被收录的页面数量。核心关键词的搜索情况并不能完全代表网站的实际点击量，事实上，有许多在核心关键词上处于劣势的网站，可以由于被抓取大量网页而在用户查询其他关键词时，轻松进入前几名。用户在搜索时使用的关键词具有分散性，所以这种情况往往会给网站带来很大的点击量。不过，这里所说的收录数量不是绝对数量，而是指被收录数和网站页面总数的比例。

第四，提高首页的 PR 值。首页是网站的核心界面，所以首页的 PR 值会对内页产生直接影响。

第五，保存权重高的文件格式。搜索引擎对网页和文件索引的类型包括 PDF、asp、JSP、doc、PPT、SWF 等，其中，做成 PDF 格式的文件一般比较重要，所以搜索引擎会默认 PDF 的权重更高。同样的道理，XML、PS、Word、PPT、Excel 等格式的文件 PR 值也比较高。

一般来说，会对 PR 值产生影响的主要也就是这几个因素了，需要注意的是，PR 值一般比较稳定，Google 的 PR 值更新每年只有 1~2 次，所以 PR 值的上升和下降都不容易。

常见的 SEO 作弊方式

网站的排名是由搜索引擎的蜘蛛程序自动完成的，没有人工参与，这给作弊手段提供了成功的可能性。本文总结了网上常见的几种作弊手法，并汇总到一起，分析其中的优劣。我并不是鼓励大家作弊，而是说想让大家对这些最常见的作弊手法有所了解，避免在无意间使用而遭到处罚。

1. 关键词堆砌。关键词堆砌一般是指在网站的某个页面，出现大量与网站内容相关性不高的关键词，这些关键词一般是重复出现多次。一般这种做法就是提高关键词密度，效果最直接，但也最容易被识破。

2. 隐藏页面。有的网页会将搜索引擎和普通用户区分开来。如果来访的是搜索引擎，网页就返回经过优化的网页版本。如果是普通用户，返回的是另外一个版本。这种作弊方式，通常用户无法发现。一旦你的浏览器去看这个网页，无论是在页面上还是在 HTML 源文件中，你就会得到与搜索引擎看到的不同的版本。对于这种作弊手法的检测方法很简单，看一下这个网页的快照，它就会原形毕露了。

3. 隐藏文本/链接。这也是提高关键词密度的一种方式，常见的是把一些关键词设置成与网站背景的颜色，或者把字体缩小，让用户无法看见。但是这种方法瞒不过蜘蛛的眼睛。

4. 隐藏标签。那些隐藏标签也有被过度使用的现象，比如 comment tags，style tags 等。把关键词放在这些标签里也是 SEO 作弊的常见手法。

5. 桥页/门页。用软件自动生成大量包含关键词的网页，然后从这些网页做自动转向到主页。目的是希望这些以不同关键词为目标的桥页在搜索引擎中得到好的排名。

6. 群发。使用软件群发带有网站链接的文本，可以在短时间之内大量提升网站的外链。

7. 大量交换友情链接。友情链接是一种高质量的外链，有的朋友就通过这种方式大量搞高网站的链接。但是量过度了，很容易引起搜索引擎的注意。

8. 隐藏链接。这种方式也是我们常说的黑链，通过一些非法手段，获取一些高权重网站的 FTP，然后把一些网站的链接，挂到程序代码中，一般不懂程序的是没办法发现的，必须去看网站和源码才能发现。

9. 网页劫持。将别人的网站内容复制下来，放在自己的网站上。

10. 重复注册。违反网站提交记录，利用图片的时间间隔限制，将一个网页在短时间内反复提交给同一个搜索引擎，通过这种方式获得收录。

11. 在网页中挂上大量恶意广告、恶意代码或有害插件。

12. 建立站群。建立大量的网站，通过搜索引擎获得大量流量，或者将链接指向同一个网站，以提高搜索排名。一般这种方式不容易被发现，除非站群做得太小，这也是现在最常见的作弊手法。

13. 重定向。通过重定向来欺骗搜索引擎，或者劫持流量，当用户进入该页时，重新定向，使用户访问不同的网页。

14. 买卖链接。自然获得链接是很困难的一件事，用钱买链接就比较简单了，但是这也是所有搜索引擎明确反对的。早在2013年，百度就确定了绿萝算法，发布反作弊公告，明确打击三类网站：超链中介、卖链接的网站，以及买链接的网站。

在经营网站的时候，最好不要使用这一类的作弊手法，也要注意别在无意中使用了这些手法，因为这一类的作弊行为背离了网页排名的初衷，无法为用户带来方便，会严重影响到搜索引擎的质量和声誉。每一个搜索引擎都对这类行为深恶痛绝，制定了各种处罚方案，最轻的处罚也是降低网站的关键词排名，你会发现你的关键词一夜之间落在所有网站的后面，Google是直接将网站的PR值降为0，同时删除网站的所有外部链接，最严重的会被拒绝收录，永远从搜索引擎中消失。

值得注意的是，有些人在网页上插入的大量恶意代码或插件，虽然不是作弊行为，但是会引起用户的极端反感，一旦遭到用户的举报和调试，极有可能被搜索引擎拒绝收录。

对于搜索引擎来说，搜索质量是它们的核心利益，这是它们留下用户的根本所在。而作弊会损害用户的体验，给搜索引擎带来致命的打击，所以搜索引擎一旦找出合适的方法，或是认定你作弊，就会毫不犹豫地处罚你。作为一个 SEO 人员，必须时刻牢记这一点，想要长久经营网站，就不要心存侥幸。

二、软文，宣传与文章完美的结合

人性化的软文推广

软文，是相对于传统的硬性广告而言的。软文大多是由企业的策划或广告公司的文案负责撰写的文字广告。在现代社会，软文的重要性越来越突出，它的精妙之处就在于一个"软"字。一篇好的软文不会用强硬的口气冲着你呼喊，而是会用绵绵的嗓音融化你，让你在不知不觉中接受它要传播的内容。等你发现这是一篇软文的时候，你早已掉入精心设计的陷阱中了。

人们对于软文的定义有很多种，最早期的是指企业花钱在报纸或杂志等宣传载体上刊登的纯文字性的广告，也就是付费文字广告，这也是狭义上的软文推广。而广义上的软文是指企业在DM、网络、报纸、杂志、手机短信等媒体上刊登的一些宣传性、阐释性的文章，其中包括新闻报道、行业评论、短文广告、案例分析等，其目的是提升企业品牌形象和知名度，以促进企业的销售业绩。有的电视节目会以访谈、座谈方式进行宣传，这也归软文。

请看这个案例：

4G时代的到来，让我们随时随地高速上网的梦想成真，更让我们的移动生活变得丰富精彩。然而细数我们身边的移动终端，除手机外，其他终端大都只能通过WiFi接入互联网，即移动生活几乎等于不停地寻找WiFi热点。针对此问题，×××横空出世，让WiFi真正变得如影随形！

这篇软文写出了产品发布的时代背景——"4G时代的到来"，然后写出了产品开发的原因——"其他的终端大都只能通过WiFi接入互联网"，最后介绍了产品的功能——"让WiFi真正变得如影随形！"从这里就可以看出软文推广的大致特点。全篇不过117个字，而产品名称只出现了一次，却完成了一整套营销的过程。它并没有对消费者说"你一定要买"，但是它列出了这几条信息之后，反而会让消费者觉得"好想买一个"，接着就会点击搜索这款产品。

软文推广不同于传统意义上的硬性广告，它更注重向人们传输价值观念，而不是简单地宣传产品，但这样一来，企业反而能够收到意想不到的效果。相对于传统的硬性广告，软文推广的优势主要有：

1. 成本较低。所需费用一般不会超过硬性广告的5%。

2. 更易被消费者接受。软文能够将真实、可靠的事件向公众阐述清楚，所以更容易被消费者接受、信赖。

3. 传播速度快。软文大多离不开事件，有许多公司在做软文推广时，会联系最新发生的事件，迅速地报道出来。这样一来，消费者会更有兴趣关注并迅速传播开来。

4. 持续宣传。软文可以连续报道事件的发展进程，这样不仅使受众完整、全面地了解事件内容，更主要的是使事件得到持续关注，在一个阶段内持续地灌输某一观点。比如城市里的雾霾很严重，媒体天天报道雾霾对人体的伤害，宣传的时间久了，人们从内心深处感到恐慌，争抢着购买口罩。这就是持续宣传的作用。

5. 多点传播。好的软文容易被转载，可进行二次或多次传播。

6. 受众广泛。软文非常贴近日常生活，同时又能调动起人们的情感，所以人们更愿意关注，受众更广泛，除了普通的消费者以外，投资者、媒体人、编辑等各行各业的人士都会被软文所吸引。

写得最好的软文，就像是武林高手一般，需要达到踏雪无痕的境界。软文不能向人们强硬地推销产品，那样就和硬性广告没有什么区别了，消费者可以很清楚地嗅到广告的气味，容易产生反感。

但是，写出一篇好的软文并不容易，需要优秀的事件和出色的写作功底，这些都是需要长期的训练才能达到的。正因为如此，软文营销对于小企业的成本负担并不低。虽然市场上有许多批量化生产软文的软件，但是这类文章并不算是真正优秀的软文，推广效果也并不好。高质量的软文对于很多网站的站长来说，依然是比较昂贵的。

此外，软文营销的见效时间似乎也没有 SEO 快，有的人或许会认为软文营销是 SEO 一个方面，但是很多优秀的 SEO 人员并不擅长写作软文，离开软文他们同样能够快速提高网站的排名，收到良好的营销效果。而软文的推广需要很长的时间，短期内很难看到效果，所以说软文推广没有 SEO 见效快。

新闻类软文的特点

目前市场上占据主导地位的仍然是硬性广告，但软文推广发挥的作用也越来越重要，这和社会、科技的发展有着密不可分的关系。网络的流行极大地促进了信息的推广，民众的交流越来越方便，民众对信息的敏感度越来越高，而传统的硬性广告费用太高，无法保证随时更新，容易和社会热点脱节，所以效果越来越差。然而企业对广告宣传的需求仍然十分强劲，面对硬性广告的效果下降，费用却不断上涨的事实，企业不得不尝试其他营销手段。软文不会影响用户的体验，还能达到不错的广告效果，所以备受推崇。

不同的企业对软文的需求也不同，使得软文的表现形式多种多样。根据传播渠道及受众的不同，软文大体可以分为三类：新闻类软文、行业类软文、用户类软文。下面我们先来了解一下新闻类软文。新闻类软文是企业在软文发展初期常用的手法，也是最基本的软文形式。此类软文的特征非常明显，以新闻报道表现出来，如新闻通稿、新闻报道以及媒体访谈等都属于这个范畴。

1. 新闻通稿

新闻通稿是最常见的新闻类软文，公关界和营销界的人士肯定不会对它感到陌生。它原是新闻媒体中的术语，指媒体在采访到一些重要新闻后，以统一的文章方式发给全国需要稿件的媒体。后来很多企业在对外发布新闻时，为统一宣传口径，也会组织新闻通稿，以提供给需要的媒体。

因为新闻通稿的来源是新闻媒体，所以它的写作形式和新闻媒体一样，分为消息稿和通讯稿。简单地说，消息稿是对整个事件进行简明扼要地说明，只需将新闻五要素简要介绍一下即可，新闻五要素也就是新闻的 5 个 W——何时（when）、何地（where）、何事（what）、何因（why）、何人（who），这些是一篇新闻的必备内容。

而通讯稿是对消息内容的补充，可以是背景介绍，也可以是事件中的一些经过等。新闻通稿不要求写作者有多么高超的技巧，但是必须文字清晰、逻辑性强，能够把事情表述清楚、完整。如下面的范例：

2015年1月3日14点40分，中国·江西萍乡，武功山景区人满为患。广东新泰旅游科技发展有限公司与江西旅游局在这里正式举行签约仪式并隆重召开了新闻发布会。中国自驾游协会、上海市旅游分会、中国驴友联盟、《旅行天下》杂志社等行业领导以及专业媒体共同见证了这一历史性时刻。武功山景区作为我国集人文景观和自然景观为一体的山岳型风景名胜区，是江南名山最后一座正在开发的处女山。武功山资源丰富，文化底蕴深厚，特色鲜明，品位高雅，是大自然鬼斧神工的杰作，也是人类文化史上的瑰宝，在生态旅游热潮兴起的今天，她正敞开宽厚的胸怀，以崭新的姿态热忱欢迎各界友人前来观光游览，投资兴业。以广东新泰旅游科技发展有限公司为代表的企业，通过坚持不懈努力攀登技术高峰，现已开启中国旅游的新篇章，致力于为中外旅游者提供最贴心、最实用的旅游用品，共同打造出世界一流的旅游环境。

2. 新闻报道

新闻通稿的形式比较简单，对文笔的要求不高，所以一般是由企业内部人员写成的。但是宣传效果不是太好，只能起到"广而告知"的效果。要想达到进一步的效果,比如促进产品销售等,就显得力不从心了,我们需要使用更为复杂的新闻工具——"新闻报道"。

新闻报道比新闻通稿的要求更高一点,通常是以媒体的口吻、新闻的手法对某件事情进行报告,有的企业甚至会聘请知名度高的职业记者操刀。文章完成后,也会与正常的新闻报道一样,发布到相关媒体的新闻栏目。由于其夹杂在正常新闻中间,且完全用新闻体组织正文结构,让人防不胜防,非专业人士根本无法辨别。

3. 媒体访谈

在所有的新闻类软文中,媒体访谈的形式是最容易让观众接受的,既可起到良好的宣传效果,又免除了新闻稿的公式化语言及新闻报道的说教式、单向灌输式内容。媒体访谈更好地体现出了软文的特点。它不像一般新闻那样采用单向灌输的方式,而是从细节上慢慢渗透、感召观众。企业代表与主持人通过访谈聊天的形式表达出来的内容和理念更具亲和力、吸引力和感染力,能够做到以理服人、以情动人。

很多时候,消费者对生硬的长篇大论并不买账,反而有可能产生反感。消费者也不会轻易相信对某些企业的大篇幅的溢美之词,即便你展示出了华丽的业绩数据也没用,没人会对一堆冷冰冰的文字、数据感兴趣。但是一次生动有趣的媒体访谈却能让消费者直接面对有血有肉的企业，让消费者近距离感受到企业的精神。

学会发掘新闻点

前面我们说了，写作软文需要两个条件：好的新闻素材和优秀的写作水平。相比之下，优秀的写作水平更像是一个硬性规定，没有扎实的写作功底肯定无法写出优秀的软文。而新闻素材则显得变通性很强。

著名的雕塑家罗丹说："世界上不是缺少美，而是缺少发现美的眼睛。"这句话同样适用于新闻素材。世界上不是缺少新闻点，而是缺少发现好的新闻点的眼睛。很多人写不出好软文的根本原因是找不到好的新闻点，其实对于一个公司来说好的新闻点太多了。

我曾经去过四川，吃过那里的一道小吃，那是一款阆中的辣牛肉，味道很好，起的名字也很有意思，叫"张飞牛肉"。为什么会起这个名字呢？这是因为这款食品的外表是墨黑色，但撕开之后肉质是红色，和忠勇的张飞的形象很相似。虽然牛肉本身和张飞没有任何直接关系，但是该款食品找到了独特的新闻点，借助文化的推动，为企业打造了响亮的名声。大多数人在写作软文的时候，都将目光锁定在产品上，却对产品之外的东西视而不见，而这些东西往往包含着优秀的新闻点。

产品。产品是写作软文的核心，软文是直接为企业的产品服务的。

服务。随着社会的发展，售后服务的重要性得到了人们的重视，好的售后服务能够为企业带来良好的口碑，这也是企业软实力的一部分。

技术。如果你的产品在某项技术上有所突破，就可以成为很好的新闻点，消费者总是对这一类的新闻很感兴趣。

活动。比如电商最喜欢的"双十一"、"双十二"等促销活动，就是单页面加上相应的软文，照样取得了巨大的成功。

人物。每一个企业的老板都有一个精彩的故事，即使没有我们也要创造出来一个精彩的故事，这类文章只留企业名称和老板姓名，任何有广告形式的话都不要说，当成一篇励志文章写。这样做的好处是通过树立个人良好形象或企业品牌带来客户。

文化。利用文化给企业添彩不是件容易的事，但是效果很好。现在的企业都喜欢打造属于自己的"企业文化"，尽管这些所谓的"文化"大多只是些口号，没有什么实际意义，但是说得多了总会给人一种不一样的感觉。

口碑。站在客户的角度写出心得感受，这也是最基础的口碑营销。

事件。这个对写作者的要求较高，需要作者将热点事件和产品巧妙地结合在一起。

一般来说，新闻策划大体分为以下五个步骤：

第一，选择有代表性的主题。主题是新闻的核心，主题的确立往往建立在掌握种种资料和整合种种资源的基础上。而确定这个主题的标准即是新闻价值的大小，说得通俗点就是这条新闻能不能吸引人们的目光，引起广泛的讨论。

第二，确定体裁与风格。不同的体裁能够带给读者不同的感受，这关系到报道的性质。在撰写新闻的时候，要根据新闻的内容确定体裁和风格，常见的体裁有消息、新闻通讯、新闻特写、新闻专访、新闻分析评论等。

第三，组织单元结构。这里说的单元结构是指新闻的内在结构，一则新闻的各个部分必须是一个密不可分的整体。为了寻找到尽可能理想的单元组合，在策划的这一阶段，我们往往采取穷举法进行无限制列举，然后筛选和归纳出一个真正科学、高效、具有阅读价值的内在结构。

第四，任务描述。进一步细化文章的结构和各个单元的内容。对于职业新闻记者而言，任务描述就相当于是对相关文本的工作量的描述。

第五，具体的分工与计时。基于文本单元，或者采访工作的不同侧面，把采访对象和采访内容分配给每一个相关人员，提出注意事项。一般策划人会列出两张表：任务人表和日程表，交与主持者和每个相关人员共享、掌握。任务人表便于使参与者有章可循，主持者通过对任务人做必要的讲解、认真的督促。日程表主要用于把控时间。

发掘新闻点、完成新闻策划不是一件容易办到的事情，必须经过长时期地锻炼才能达到较高的水准。除非是专门从事文字工作的行业，一般企业中很少有人能够独立完成这些工作，这也是企业人员喜欢找外界人士代笔的原因。

会写行业类软文

虽然互联网在中国出现的时间很短，但是网络营销发展得异常迅速，有关宣传产品的软文也有了很大的进步。网络上的许多东西看起来是杂乱无章的，其实是由许多专业的网络营销人员精心安排的。前两节我们讨论了最常见的新闻类软文，这一节就给大家谈谈行业类软文。

行业类软文是指面对某一行业内人群的软文，写作此类文章的人员通常比较了解该行业的基本情况和专业知识，其目的主要是扩大行业声誉，打造行业品牌。所以行业类软文的写作难度也比较大，下笔之前必须明确写作的目的和要求，这样才能有针对性地查找资料，组织文章结构，其次还要对行业现状有一定的认识，只有这样才不至于犯一些常识性的错误。

我们先来看一篇有关教育行业的软文——《努力才有成功》：

前不久希腊债务危机再次深化，出现民众扎堆领取养老金的场景，这一场景让广大的中国人民感到不可思议，同时有关希腊债务危机出现的原因也再次成为热点话题。大部分网友很羡慕希腊人民的高福利，但是也对他们短暂的上班时间感到费解，我们不明白的是为什么希腊到了这种地步，却仍然不肯努力工作。早在两千多年前，孟子就告诫我们"天将降大任于斯人也，必先苦其心志，劳其筋骨，饿其体肤，空乏其身，行拂乱其所为"，只有这样才能达到"增益其所不能"的效果，也就是我们称之为的成功。每个人都想拥有成功的喜悦，可又有多少人知道吃得苦中苦，方为人上人呢！而在此时，××的魔鬼训练营将会为你的成功增添一份属于自己的砝码！据悉，在7月6日上午9点左右，××的魔鬼训练营新一期集训将在南京市南工路正式开始，活动时间为三天两夜。

这篇文章先以希腊债务危机开头，最后竟然引出了一个训练营的报道，看起来非常突兀，但是也让人找不到理由反驳，因为在大部分网友看来，希腊人确实太清闲了点儿。顺着这个思路，魔鬼训练营的出现就显得合情合理了，似乎只有通过了魔鬼训练营里艰苦地磨炼，才是对中华人民艰苦奋斗的传统思想的最佳体现。

实际上，任何一篇行业类的软文都要根据从业者的经验来写，这样才能让人信服。一般来说，行业软文应该从以下几点入手：

1. 从业者的个人经验。目前网络上有许多人在做这样的工作，通过在网上专门发帖，传播知识与经验，帮助读者少走弯路、解决问题，将他们不懂的地方、有困难的地方逐一解决。而读者免费接受了你的指导和帮助以后，就会觉得你的网站非常有价值，接着就会向身边的朋友、同行推荐你，于是你的个人影响力就慢慢建立起来了。

2. 和他人交流观点。观点交流型的文章是以思想取胜，而且相对容易，写作者不需要有太多的经验，只要善于思考和总结就可以引起读者的共鸣。那些不擅长写行业软文的朋友不用灰心，就算你没有那么专业的知识，但是你可以围绕别人的文章进行评论，只要能够引起读者的共鸣，就算是你的好文章。

3. 分析数据。这一类的软文更像是技术帖，它体现的是比较专业的知识。无论哪个行业，都需要各种调查数据、分析报告、趋势研究等资料，如果能够对一些数据调查、研究等做出分析，发布一些软文，一定能受到欢迎。有许多经济学家就是这么做的，你可以经常从某个经济学家的口中听到类似的分析。

4. 做人物访谈。简单地说，就是针对行业内的名人进行访谈，然后将访谈内容整理成文章发布，这么做的好处是，你不需要自己组织大量的内容，只要邀请好访谈嘉宾，准备好问题即可，甚至问题都可以让听众帮你想。

5. 第三方评论。邀请第三方人士，让他们发表自己的观点，这样做会显得比较客观，容易被人接受。

总的来说，行业类的软文对文采的要求不高，但是需要写作者提前做好大量的准备工作，新手站长刚开始写的时候会遇到许多困难，但是坚持下去就能取得收获。

会写用户类软文

用户类软文是相对于行业类软文来说的，是指面向消费者的文章，最常见的就是产品软文。用户类软文能够增加产品的知名度与影响力，赢得用户的好感与信任，最终为企业销售业绩带来提升。用户类软文的指向性很强，专门针对具有某一类功能的产品，例如下面的这个例子：

现代社会以瘦为美，减肥成了全民热衷的话题，尤其是广大的年轻女性朋友。然而，铺天盖地的广告使得人们在选择减肥产品的时候无从下手。专家说减肥的关键在于选择科学的减肥方法，选对减肥产品。那么，什么减肥方法最科学呢？左旋肉碱减肥是时下爱美人士谈论的焦点，众多国内外专家和电视明星也一致推荐左旋肉

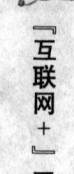

碱减肥产品。左旋肉碱能减肥吗？左旋肉碱真的没有副作用吗？左旋肉碱多少钱一盒呢？

在中国，左旋肉碱减肥还是一个比较新潮的概念，它产生的时间并不久，算是一种"新生"事物，对此，很多减肥人士充满了期待，跃跃欲试。有句话叫作实践是检验真理的唯一标准，对于还未使用过左旋肉碱减肥产品的减肥者来说，心中充满了无数的疑问，左旋肉碱怎么样？左旋肉碱是什么？左旋肉碱减肥效果好吗？左旋肉碱副作用存在吗？左旋肉碱价格贵吗？

××是一家历史悠久、实力雄厚的大型公司，其开发的左旋肉碱坚持在全球范围内精选最合适的原料。数十种主要原料和辅料全部来自进口，如新西兰的乳清蛋白、牛初乳粉、巴西的绿蜂胶、针叶樱桃、挪威和冰岛的鱼肝油、美国的天然维生素E等。××左旋肉碱能够促进脂肪转化成能量，加速脂肪的燃烧，安全无副作用，助您早日摆脱肥胖困扰。

这篇文章很明显是减肥产品的广告，针对的主要人群是"肥胖人士"，但是对于肥胖人士的定义并不明确，所以最终受众就变成了"想要减肥的人"。这类文章的表现形式多样，但基本原则只有一条，以用户需求为主，具有阅读性，根据具体表现形式和手法的不同，此类软文可分为以下几种类型：

1. 知识普及型。随着互联网的发展，人们已经习惯于从网络上获取知识，而知识普及型的软文就是针对人们的这种心理，以传播与企业产品相关的知识为主要方式，同时巧妙地插入广告信息。有的企业会专门开通一个博客，向人们普及各种知识，如"有了痘痘千万不要挤，××软膏来帮您"。这些软文中广告所占的篇幅并不大，有可能只在片尾占据一小段，却能收到非常好的效果，它会让读者觉得，遇到这样的情况后，可以选择他们的产品。

这一类的软文非常看重用户的心理感受，它会向读者讲述许多实用的小知识。读者看完之后，并不会觉得这是一篇广告，反而会为学到了某些知识兴奋不已。

2. 经验说教型。这一类的软文也很常见，它也是利用互惠原理去引导用户的。最喜欢使用这类手法的大多是一些销售实物的公司，如美容保健品公司。相信你在浏览网页的时候，一定看过许多"我是如何减掉×斤""××药治好了我多年的老胃病"，等等，诸如此类的文章，对于渴望减肥或饱受慢性疾病困扰的人有很大的杀伤力。

3. 娱乐型。娱乐早已成为人们日常生活中不可或缺的一部分，大部分网民上网的最大目的就是娱乐。即使是那些天天对着电脑的上班族，也会经常看一些电影、连续剧之类的。如果我们能把软文写得娱乐味十足，将会非常吸引眼球。

4. 争议型。大家对"网络推手"这个词语一定不会感到陌生，在许多人看来他们好像十分神秘，其实他们的行为也是一种营销。

2014年8月，北京朝阳区法院公开审理了网络推手杨某某恶意策划的"和尚船震门"事件，在庭审过程中，杨某某公开承认，制造这起事件，是与商家签订了合同，收了数十万的钱款，将舆论争议的焦点引向该公司旗下的某位画家。从道德的角度来说，这件事是不足取的，它严重损害了佛教人士的形象，但是从营销的角度来说，它又能收到巨大的效果。

用户类软文受到企业的青睐，但是消费者对于这类软文的鉴别能力也在不断上升，所以单纯地宣传产品已经很难行得通了，弄得不好还会遭到用户的反感。但是软文毕竟有着独到的优势，只要能够巧妙地设计软文，就一定能够收到良好的效果。

写作软文的注意事项

软文营销已经是一种非常普及的营销方式了，也是企业商品营销、品牌推广最常用的营销方式，具有成本低、收益高的优势。但是软文的写作并不是那么容易的，在写作软文的过程中有几点是必须要注意的，这些决定了软文营销的最终效果。

1. 软文要有闪光点。也许你的产品有很多优点，比如描述一款手机，你可能会说它屏幕大、机身厚度薄，续航时间长、外观漂亮、价格不贵，又使用了视网膜显示技术，等等，可以看得出来，你想说这是一款好手机,而且这些属性也是消费者希望了解到的,可是如果你这么写软文的话,一定会走进死胡同的。用户在查看网页的时候,大多是"浏览"而不是"拜读",他们在网上做的是"冲浪",而不是"潜水",所以不要指望所有用户都有足够的耐心。如果你把产品的所有属性都列举出来,想要面面俱到,就很难留住用户的目光,很多用户可能来不及看完文章就关闭页面了。因此,在写作软文的时候一定要突出产品的某一方面,让用户有详细了解产品的兴趣。

可是,这一点当然不是那么容易就能办到的,这需要我们了解用户的心思,同时对产品有一定的了解。举个简单的例子,写一篇关于国产手机的软文。首先,你要了解用户的心理,中国的用户最喜欢听到的几个关键词是什么?其中可能包括性价比、支持国货、创新能力,等等。性价比很好理解,你可以介绍一下手机的价格,比如说只要2299元,这个价格是大多数人可以接受的,在同行业中算是中等水平,但是不要过度强调,否则可能会让人对价格因素产生忧虑,比如"我可以用这些钱买个更好的手机"。在介绍低价格的同时,隆重推荐这款手机的高配置,如它的屏幕有多大,是哪个厂家的,处理器是什么型号的,运行内存有多大,像素有多高之类的,这些会在无形之中给人一种错觉,认为"这些配置是我想要的高端配置"。实际上我们都知道,影响一个手机的使用体验,不仅仅是高端的配置，还有零件的质量和系统的流畅程度，但是至少高配置让人听起来感觉很不错。我们应该在软文中反复提及这款手机的性价比是比其他手机更具优势的，这样才能让用户加深印象，软文的效果才能发挥出来。

2. 给软文赋予灵魂。在软文营销盛行的大环境下，软文的创作越来越多，出现了专门的软文制作网站，甚至有软文模板，稍微改动一下就能拿来使用了。但是，如何能让你的软文脱颖而出呢？答案是，让软文具有灵魂。在这方面，苹果公司的广告很值得我们借鉴。苹果公司在拍摄广告时，大多不去直接描写产品的参数，而是展现出用户使用苹果产品制作的作品，或者是用户使用苹果产品的场景，这使得他们的广告显得非常特别，更加有生活气息，而不是简单乏味的产品简介。虽然广告是视频，不是纯文字，但是依然非常值得学习。

3. 从用户的需求出发。这是写作软文最重要的注意事项，一篇软文能否被用户认可，完全取决于这一点。如果软文能够解决用户的实际需要，就很容易吸引用户，那么这篇软文就是成功的。想要实现这一点，写作者要事先对产品潜在用户进行群体调查。用户的需求是随时变化的，如果不事先做调查，我们根本无从得知用户的需求。调查完毕之后，便着重针对这个需求来对软文进行编辑。比如国庆假日很多用户都会出去游玩、拍照，因此手机的照相功能就显得相当重要，我们的软文就要围绕这一需求，详细阐述手机的拍照功能，用户对这一类软文会更乐意接受和认可。

4. 在软文中添加软性链接。什么是软性链接呢？举个例子，你的博文中有这样一句话——"软文写作"，你可以在"软文"这两个字上面加一个超链接，然后把这个字加粗、变色或加下划线等，表示这里有一个超链接。这种通过第三方角度变相描述的方式，就属于软性链接。用户在浏览网页的时候，可能不经意间就会点击一下，进入你想推广的网页中。同直接在博文中插入链接相比，添加软性链接更加隐蔽，削弱了广告的味道。

当你的软文满足了以上几点要求，基本上已经算是一篇不错的软文了，剩下要做的便是推广软文了。如果你是新手，写作软文的时间较短，对软文的推广过程不太熟悉，或者没有好的推广渠道，建议去网络上搜索一些专门推广软文的网站，如站长之家、软文街，等等。

三、博客，交流互动大舞台

博客更容易获得好感

在微博和微信兴起之前，博客曾占据了网络的半壁江山，据说国内曾有几千万人写博客。现在，微博和微信是最火爆的网络应用，但是博客营销依然有它独特的优势，甚至可以说没有尝试过博客营销的，就无法体会网络营销的精髓。

为什么这么说呢？看看下面的内容你就明白了。

要想弄明白博客营销的特点，就要先对博客有所了解。博客原名 Weblog，后来发展为 we blog，于是 blog 这个词被发明出来。从字面意思来看，博客的意思就是网络日志，有一些普通日志的特征，比如正文是按照时间排序的，你可以查看以前的博文。同传统的在纸上书写的日记相比，博客有非常明显的优势，那就是它具有良好的传播效果，只要有访问权限，任何人都可以访问你的主页，来看你写的东西。有的知名人士的博客访问量竟然已经达到六亿多了，这是多么惊人的访问量啊！如果能将商业运作和博客结合在一起，无疑会带来巨大的经济效益。

博客营销最先被欧洲国家的企业所使用，中国也向外国公司学习了成功的博客营销案例，随后也开展了博客营销，并取得了良好的效果。

2006年底，中国白酒企业的龙头老大五粮液集团推行了一款葡萄酒，但是公司内部人员在宣传方面争执不下，有的主张将主要资金投入到电视广告上，以快速扩大影响力，有的建议扩大线下推销的范围和力度，最快送到各大超市和消费者的眼前。最后，五粮液集团决定将这项任务委派给国内知名跨媒体营销博拉网（BOLAA网）。博拉网在接到这一请求之后，并没有马上策划方案、投送广告，而是在网上建立了一个专题页面，发起了一项"红酒博友博红酒"的大规模的产品推广活动，并发表声明，招募红酒爱好者共同品尝五粮液最新款的红酒。网站博友踊跃报名，短短几天内来自全国各地的报名人数就达到了六千多人。最终博拉网从中挑选了500

名知名的红酒爱好者，并向他们邮寄了五粮液红酒。众多博友品尝之后，纷纷在博客上分享品尝体验，一时之间，关于五粮液红酒的好评如潮，大量的博友转介绍，推荐其他网民饮用。

五粮液公司的相关负责人王晓军在接受媒体采访的时候说，这次的活动是五粮液红酒通过互联网传递企业品牌及产品特性的一次重要尝试，通过博客的方式找到了网络营销的新渠道。

五粮液的成功并不是偶然的，实际上，2006年正是博客在中国蓬勃发展的时期，一些商家凭借着敏锐的眼光，观察到了隐藏在博客中的巨大商机，他们没有拘泥于陈旧的广告方式，而是把产品的推广直接交给了消费者。而那时国内关注博客的人大多生活水平较高，且乐于接受新事物，他们对于新鲜事物有一种强烈的好奇心，也能够品尝出酒中的美味，有能力用文字的方式将品酒过程中的感受表达出来，发挥出巨大的推销作用。因此这是一次非常成功的博客营销的案例。

博客营销之所以有这样的效果，是由博客的特质决定的。网友在博客上可以自由地交流，以及转载或评论，所以一个有价值的事件往往会在博客上引起巨大的反响，每个人都会自发地转载，就相当于做了一次大规模的免费网络广告。具体来说，博客营销的作用主要体现在以下几个方面：

1. 宣传品牌，树立形象。尤其是由名人明星、知名网站发布的信息，更能够起到宣传企业形象的作用，因为这些人本身就是一种形象的代表。

2. 进行搜索引擎优化。博客也是搜索引擎优化的一个重要工具，博客中的名字、内容、简介等都可以成为一种关键词，这些也可以成为 SEO 优化的一个内容，这些方面做得好的博客更容易提高排名，获得更多的粉丝。

3. 提高知名度。在博客中，我们可以针对某一个行业的问题进行介绍和解读，这样可以树立个人在网络上的形象，提高自己的知名度，并将这个领域中的相关资源引向自己。

提升博客的人气

我们在开设博客之后，最关注的肯定是如何提升博客的人气。人气代表博客受欢迎的程度，只有有了人气之后，博客才能发挥它的作用。如果没有人气，就算博客的内容写得再好，观点再有价值，都只能被埋没。中国有句老话，叫作"酒香不怕巷子深"，但是如果能够加以宣传，让更多人知道，好酒无疑会变得更香。

可以说，博客的本质就是争夺话语权，或者可以说得更直白一点，写博客就是为了告诉别人：我说得很有道理，你们要来看一下。而争夺话语权的前提当然是获得人气，有关注，你的观点会传播得更远。提升博客人气的方法有很多,但是直接利用博客打广告的方式并不能起到良好的效果。有的企业聘请其他博客写手撰写博文,对自己的产品加以评论,然后发表在自己的博客上,利用这种方式来博取眼球。有的博客托管服务商就专门提供这种服务,这叫作付费博客。在我看来,这不能算是优秀的博客营销,最多只能算是在博客上打广告。网民上网是查找资料、娱乐消遣的,没人喜欢看虚假的广告,所以这类博文一出现就会被人认定是广告,最多扫一眼就过去了,不会深究细看。

所以,管理博客要做的不是打广告,而是要看到博客带来的人脉,以及博客给我们带来的快乐。下面我们就来看一看,究竟该如何管理博客,以获得我们想要的人气。

1. 做好博客的定位

这是做好博客的第一步,没有人能够吸引所有人的目光,你要做的是吸引一部分可能会关注你的人气。首先你要给自己的博客做一个基本的定位,哪怕这个定位有点牵强附会,但那也比没有定位好。

新浪博客在中国最主流、人气最高的博客频道,拥有娱乐明星博客、名人博客、情感博客,以及草根博客,等等。那些拥有一定人气的博客大多有清晰的定位。比如 2015 年 8 月 10 日的新浪博客每周人气榜,前四名都是财经类的博客,第五名是军事揭秘类的博客，第六名则是娱乐信息类的博客，第十名则是读书类的博客。从排名最末的博客来看也同样如此，第500名是摄影类的博客，第499名则是情感类的博客。读者从这里就可以看出，一个清晰的定位对博客是多么的重要。

做好定位是做博客的首要条件，你开设一个财经类的博客，所写的博文就必须和经济有关，不能今天写一篇财经点评，明天写一篇娱乐消息，后天写一篇文章读后感，这样会给读者带来混乱的感觉。也许你想做一个包罗万象的博客，但是丰富的内容不一定能够给你带来稳定的读者群，自然也不能形成稳定的客户群。

2. 做个"标题党"

标题是博文的门户，人们在看博文之前肯定会先看标题，如果标题拟得好，就能吸引别人点击，所以标题的制作格外需要花点心思。如果你文章的题目非常平淡，即使你文章的观点和文字并不平淡，也会缩小传播的范围。因此，能够激发点击欲的题目是非常必要的。

3. 经常更新博文

经常更新博文是提升人气的一个重要途径。现在网上流行连载，比如连载小说、连载漫画等，写博客和这些有点相似。但是对免费写作的人来说，每天更新是很累的事情，而且没有物质动力，特别是在工作繁忙的时候，几乎连睡觉都是一件奢侈的事情。但是人气超高的博客，几乎都是每天更新的，这是一个不争的事实。

4. 图文结合

精彩的图片往往比文字更能吸引读者，因为图片更直观。你可以在博文中适当添加一些相关的照片，比如宠物照片、风景照片、人物合照，等等。声情并茂的照片，会让博客空间更丰富。

5. 和其他博客做互动

每个网站都有排名靠前的明星博客，他们有很高的点击量。我们可以和这些博客做互动，比如经常转载、评论别人的博文，或者在他们的博客上跟帖等，这样也能为我们带来点击量。

6. 多写热门话题

写热门话题能够给人一种与时俱进的感觉，热点话题正是网友们在一段时期内最关注的，多写这些话题能够快速吸引眼球。如果长时间写这类话题，你可能觉得表达自我的乐趣会减少，而且你也不可能对每件事都有足够的热情，所以这一点也不太容易做到。

博客也需要优化

同搜索引擎一样，博客也需要进行优化。

为什么呢？答案很简单，为了让更多的人看你的博客。博客的主要构成部分是内容，所以内容肯定是最重要的，这也是 SEO 圈内流行的"内容为王"这一说法的原因，而 SEO 则是其辅助手段。

1. 优化博客的名称。博客的名称非常重要，一个定位清晰、特色鲜明的名称能够给人以良好的印象。俗话说"良好的开端等于成功的一半"，做博客也是一样，博客名称的优化能够帮助我们进行 SEO 优化。

在设计博客名称的时候，可以将关键词嵌入名称中。如果匹配的关键词非常多，达到数十个甚至 100 个，那就做出数十个甚至 100 个博客来，一个博客匹配一个名字。有的人选择建立独立的博客系统，网上有许多免费的博客系统，我们就可以把这些系统下载下来，做成小网站的形式，然后买个域名就可以了。它的名字就是需要优化的核心关键词。这种以关键词为名称的小网站的权重非常高，能够收到很好的效果。

有一点需要注意，在写博文的时候，系统会让我们添加标签，这个标签就是博客的关键词。当别人搜索这个标签的时候，就很有可能链接到你的博客。所以在设置标签的时候，你可以将关键词添加进去。

2. 交换链接。很多人认为，交换页面权重较高的链接就能提升页面排名，其实这一点并不准确，搜索引擎的计算方式不是这么简单的，有以下几点需要注意：

页面要有一定的相关性，百度对这点不太重视，但是谷歌很看重。如果谷歌认为你链接的网站和博客没什么联系，就有可能惩罚你。

提升页面质量，不但应注意页面权重，各搜索引擎收录数量的多少也要注意。

对方页面上指向外部链接的数量越大，每个链接平均分配到的页面权重就越低。谷歌的计算规则是：如果一个页面有 100 个导出链接，它就将被判定为垃圾信息（分类目录类网站除外）。一般来说，个人博客页面的总链接数量应控制在 40 个以内，首页链接数量控制在 20 个以内。

对方网站的更新频率越高，你在其上的链接所获得的页面权重就越高。

从带来页面权重的角度来看，文字链接大于图片链接，而图片链接大于多媒体链接。多媒体链接也就是放在多媒体文件（如 Flash）中的链接，它们几乎不能带来任何页面权重。

你的链接在对方页面的位置也影响你站点所获得的页面权重，按照影响大小可依次排列为左上、右上、左边、右边、左下、右下。

页面标签的使用（比如 h1、b 等标签）也会影响链接所带来的权重。

对方页面链接的锚文本和你站点的关键字符合会让搜索引擎更喜欢。

3. 博文内容优化。开篇点题，在博文的首段内容中明确告知文章信息，这样能够提升大家的兴趣，如果读者看了半天还不知道你在说什么，就很有可能对你的文章产生厌倦。因此，首段我们一定要围绕关键词这个中心写好首段的内容。首段注意简洁概要，中心突出并适当优化关键词。

一篇好的博文一定是段落清晰，整体感觉层次分明。因此我们要做的就是将博文内容分出清晰的段落层次，加上适当的强调突出。做博客优化首先是对读者友好，其次是对搜索引擎友好。新浪博客提供博文标签匹配选择，因此博主可以根据关键词选择合适的标签，能够增加内链，同时突出关键词。

4. 个人博客 SEO 禁忌。作为一种技术手段，SEO 有许多禁忌，不小心触碰之后可能会遭到处罚。下面列举了几种新手站主最容易出现的几种错误：

使用黑帽手段，如门页、链接欺诈、堆砌关键字等，一旦被发现，后果很严重。谷歌对黑帽手段的破解方法很高明，而百度则相对迟钝。

大量重复内容，搜索引擎一般会认为采集网站和镜像网站是不重要的，而给原创内容更多的页面权重。需要注意的是，在同一网站的不同页面上粘贴内容也有可能被搜索引擎判定为重复内容。如果某一篇文章出现在多个页面，不妨在其中一个页面上显示全文，一个显示摘要,其他的只显示文章标题。

此外,页面框架 iFrame、大量使用 Flash 内容、大量垃圾信息等也会损害用户的使用体验,所以也很容易遭到搜索引擎的敌意。

提升博客关键词的排名

提升博客关键词的排名,其实也是搜索引擎优化的一个方面,只是在具体操作的过程中,要根据博客的实际情形做适当的改动。下面我们就以新浪博客为例,讨论一下怎样提升博客的关键词排名。

1. 确定博客的昵称、域名名称、主题、标题、描述、标签的时候,要围绕着关键词进行。在设置这些的时候,最好使用简短的品牌名称,因为品牌名称本身就是独一无二的。

2. 博文的标题和正文符合关键词密度,图文并茂。文章的标题要含有关键词或长尾关键词,正文的关键词或长尾关键词的密度是 10~15 个/千字。对于图片的要求,其数量要根据内容来定,一般 2~3 段的内容插一张图,图片大小最好在像素 650px×650px 以内,可以参考百度百科。图片下方最好附带有字体加粗的描述。图片的 ALT 属性内容必须填写,而且不能和关键词对图片的描述相同。

3. 做好博客分类和个人资料的优化。博客的分类看似毫无用处,实际上是非常重要的。在做博客分类的时候,最好选择跟关键词直接相关，因为博客不能像一般网站那样还有其他属性可以添加文字说明，如 SEO 优化论坛、SEO 学习论坛等。在新开设的博客中，不要有指向其他网站的链接，这会导致博客内容不被收录，即使你的文章是原创的。

博客个人资料的填写是否完整，也会直接影响到博客内容是否被收录，有很多人犯了这个错误。经常有人会跑来问我："为什么我的博客里面的内容都是原创的，还写得那么好，就是不被收录呢？我也没搞什么作弊的手法呀！"我打开他们的博客之后，就告诉他们把个人资料填写完整，起先他们还一脸不可思议的表情，觉得个人资料和博客不被收录能有多大关系呢？然而，等他们填写完之后，博客迅速被收录。其实这很容易理解，因为没有填写完整的博客，用户的独特性较低，不被搜索引擎信任，它甚至会认为你这是专门打广告的。

4. 充分利用博客的功能。除了撰写博文之外，博客还有很多功能，比如好友、评论、留言、转载、喜欢、收藏、推荐首页、分享、订阅、手机订阅等，在管理博客的时候，要让网友有互动的机会。产生评论的最好的方式是网友自发评论，也可以自己组织一些网友故意去评论。这些评论必须根据文章的话题和关键词展开，一般不低于 100 字。这样既能为博客积聚人气，也为搜索引擎制造出一种文章的活跃度非常高的现象，为博客的 SEO 提供了很大的帮助。不过这种方式只适合用作引导评论，不能完全代替评论，否则容易穿帮。娱乐圈里的人最喜欢用这种方法，我们最常听到的一个词——"水军"，就是这种表现。

5. 获得官方认证。博客和微博一样，也可以官方认证。不仅是明星，许多有知名度的普通人也可以进行官方认证，比如"洪烛的博客"就是官方认证的。可能有很多读者不认识洪烛，但是这并不妨碍洪烛积攒超高的人气。洪烛原名王军，是北京中国文联出版社编辑室主任，他在博客中撰写了许多关于读书的博文。至2015年8月，他的博客点击量已经达到近5000万次，这也是十分高的。官方认证是对博主的肯定，对于博客的优化非常有利。

想要提高博客关键词的排名，就要向网站的 SEO 优化学习，毕竟二者都是注重细节的工作。在做博客优化的时候，需要制定出很好的计划和严格的执行力，只有这样才能把博客的关键词排名提升上去。

如何写出优质博文

对一篇博客来说，最重要的当然是博客的内容。在这个"内容为王"的时代，前面所做的一切优化的努力，都是为了让读者来到你的博客，阅读你的博文。如果你在博客优化方面有很高的水平，但是博文却写得一团糟，那么就算你成功地吸引了一大批的人，也很难确定这些人当中会有多少对你产生好感。反之，如果你博文写得好，优化做得也不错，可以肯定的是，你的博客一定可以积攒许多人气的。那么该如何写优质博文呢？

1. 确定文章的主题。比如我要写一篇财经类的评论文章，我就要先想一下我到底要说什么，是介绍A股的优势呢，还是评价一下药价改革呢？一篇文章写下来只能有一个中心思想，不能太散，前面说的是A股，后面就不能突然岔开去说药价改革。

2. 确定标题和切入点。前面已经详细介绍过标题的选取方式，这里就不再赘述了，着重讲一下切入点的选择。所谓的切入点，指的是你要从什么角度来讲述你的观点。你可以从与主题相关的事件切入，也可以从你的个人感受切入，或者你可以介绍一下主题是什么。切入点的选择并不固定，只要能够和上下文紧密贴合即可。这就好像你在和美女搭讪的时候，总是要找个话题开个头才行。

3. 要选择合适的素材。素材选得好不好，直接影响到文章的最终效果，所以要好好考虑一下，仔细筛选，不放过任何一个可能。你可以选择一个案例，如生活中的热点、现象等，将案例仔细分析，从中得出自己的结论。你也可以把别人的观点整合到你自己的文章中。如果你实在对自己的写作能力没信心，那么就试试修改的方法吧，把别人的文章拿过来修改修改，结构和大体内容不变，只在其中添加一些自己的想法就可以。

4. 重点区域多下功夫。对于读者来说，阅读得最仔细的肯定是文章的开头部分，看完之后他们会竖着浏览一遍，看看文章有多长，到底讲了多少东西，然后从中间挑选着读。这种阅读习惯适用于大多数人，他们的阅读轨迹就像一个大写的英文字母F，所以你应当顺着这种阅读习惯，将文章划分出一个个重点区域。文章的开头部分一定要写出真东西来，不要拐弯抹角的，这样的方式有卖弄学问、戏弄读者的嫌疑，别做吃力不讨好的蠢事。每一段的开头部分也应当成为重点，写出这一段主要在讲什么，这样一来就可以把文章的结构划分清楚，读者一目了然。

5. 敢于突破形式。不同的读者群体有着不同的喜好，可以适当地改变表达的方式，读书栏目的读者更中意纯文字，他们喜欢这种从文字中获取美感的过程；关注搞笑栏目的人更加偏爱图像、视频；而关注推理类博文的网友更容易被图文结合的方式所吸引。

6. 坚持原创。什么是原创？原创又分为几个等级呢？站主们最乐意做的，一定是复制别人的文章，为什么呢？因为自己写文章有困难呀！复制别人的文章只需几秒钟的时间。可是这种方法现在并不好用了，尤其是在微信朋友圈被铺天盖地的"心灵鸡汤"和"微商广告"狂轰滥炸之后，人们对复制来的文章已经没有那样浓烈的兴趣了。如果你的博客列表上全是转载的文章，一定会降低读者的阅读兴趣的。所以，要想长久地经营博客，必须坚持原创。

7. 贴合热点，标新立异。博文的选题要贴合时事，比如2015年8月天津发生了震惊全球的大爆炸，新浪微博中一位博主贴出一张图"最帅的逆行"，短短几天之内获得八十多万次的转发。新浪的头条新闻一直在对这次爆炸做跟踪报道，第一时间发布新的消息，而腾讯新闻则针对这次爆炸做了一些系列报道，介绍了许多与此相关的事情，比如《"独立王国"天津港：曾受"双重领导"二十年》、《爆炸时，救援人员、社区、企业该怎么做》等，这些文章紧密贴合时事，同时又能从不同的角度进行解读，因此容易被老百姓所接受。

8. 文章要通俗易懂，尽量不要使用艰深晦涩的专业词汇，也不要写出让人看不懂的句子来，而要采用通俗的表达方式让读者更快地明白你在说什么。

最后，我要向大家提出最重要的一点建议，那就是在写博文时一定要倾注自己的情感，没有人喜欢看呆板乏味的文章。一篇高质量的文章，能够为你的博客带来意想不到的点击量，所以站长们不要只重视链接，赶紧构思一篇优质博文吧！

如何"养"好博客

对于一个SEO站长来说，建立几个博客站是必备功课，但是博客建立之后也需要经常更新内容、进行优化，不然排名就有可能掉下来，这就是"养博客"的意思，那么 SEO 站长们是如何养博客的呢？

在所有增加外链的方法中，养博客是最安全的，同时也是最容易操作的，不像论坛签名、分类信息、博客留言和大型门户博客这几种可操作性差。此外，用户可以通过关键词排名软件分析下百度空间的关键词排名状况，最重要的是能够通过博客给你的网站带来直接流量。

在建立博客的时候，博主往往选择建立免费的博客，因为我们不指望从中获得经济回报，也不知道怎样通过博客优化获取利益。而有经验的站长们会在有经济支撑的条件下，选择申请域名的方式，养出一个博客群，更好地推广企业的信息。现在，国内有许多 SEO 站长采用这种方式，他们会选择培养一些大型门户网站的博客，慢慢提高二级、三级域名的权重。本文选取了几种最具有代表性、效果最好的养博客的方法，希望读者能够从中获取灵感。

1. 注册博客时选择 PR 值高的网站，国内首选百度空间、新浪博客、网易博客、搜狐博客、腾讯博客、天涯博客、和讯博客、阿里巴巴博客、博客大巴、豆瓣博客，等等，这些网站的用户基数十分庞大，非常适合养博客。

2. 填充博客的内容。注册博客之后，新手博主所面临的主要问题，便是选择合适的文章了。在选择文章的过程中，突显了标题和用户名的重要性。如果博主没有足够的时间和精力，无法独立撰写博文，那么建议你选择相关主题的电子书，最好是 txt 格式或 word 格式，这样下载之后方便粘贴。比如你做的是财经类的博客，那么你可以选择某位当红经济学家的书籍，从他的书中汲取营养，填充进你的博客中。

刚开始做博客的那段时间里，博主往往充满了热情，所以经常能够找到足够的内容。需要注意的是，这是一个投入的阶段，在此期间尽量不要添加外链，你要让搜索引擎的蜘蛛尽快喜欢上你的博客。等到它放低了对你的戒心，你的博文发出去之后，瞬间就会被收录，这时你就可以在文章中适当添加链接了。但是仍然需要注意链接的数量，每篇文章 2～3 个就足够了，如果文章里到处都是链接，那么恭喜你，你的空间在 24 小时内肯定会被关闭的。不同的博客对链接有不同的审查标准，大门户的博客基本不做限制，但是技术类的门户网站审查得很严格，尽量不要发表不相关的内容或链接。

3. 处理好细节问题。博客的数量不宜太多，要量力而为；博客用户名、标题选择比较热的长尾关键词；博客的简介即描述中关键词重复两次，然后精心选取相关的头像。填写完整相关资料；选择一个合适的模板；多添加一些好友，营造出一种活跃的气氛。

完成以上几点要求之后，剩下的就是"养"了。前期新建的博文发布之后，往往要过一段时间才会被收录，这时不用着急，不要堆积垃圾文章，要在保质的前提下确保数量。如果建好博客之后马上添加链接，博文的收录速度会更慢，甚至不被收录。等到能够添加链接的时候，也要注意外链的形式，确保多样化，比如可以是你的多个主关键词或内页长尾词（也可以是直接 URL 形式）。在博客养起来之后，可以适当加上自己网站的友情链接。

养博客的关键在于持之以恒，半途而废肯定会减少博客的人气。打理博客也不需要花费多长时间，每天下班以后抽出半个小时到一个小时就可以了。等博客内容也有了、细节问题都处理好了，每天把在自己网站发表后收录的文章再在博客上发表，源源不断的外链就来了，你要做的就是等待收获了！

四、论坛,随时随地畅所欲言

论坛营销:交互性最强的营销方式

论坛不是一件新奇的东西,早在互联网开始传播的时候就出现了,论坛营销也就是在那个时候开始兴起。目前国内影响力大的论坛有猫扑社区、天涯社区、搜狐论坛、凤凰论坛、网易论坛、新浪论坛、强国论坛、百度贴吧。

论坛的基本表现形式是网友在平台上发帖、回帖进行讨论,它是一种电子信息服务系统,每个人都可以在论坛规划出来的公共电子白板上发表自己的意见和看法,所以论坛的交互性特别强。也正因为如此，论坛营销为企业节省了一大笔广告费用，而且论坛适用于任何企业。

由于论坛特殊的交流方式，论坛营销的表现形式也非常明显，简单地说，论坛营销就是在网上发布帖子，引起广大网友的注意力，引导网友自行讨论，最终达到宣传企业和产品的目的。企业发布在论坛上的帖子并不是随便写成的，它是精心编织的一个"软文陷阱"，看似无心，实则有意。请看下面的帖子：

这样的女人才叫女人

1. 一定要有自己的事业，但不要做得太大，我们要学会享受生活，而不是垂帘听政，劳心劳力的事少做！

2. 一定要有老公，但年纪不能相差太大，太老的没情趣，太小的要天天哄他！

3. 一定要有广泛的爱好，但不用太努力，学着玩就行！

4. 一定要有一个儿子，但不能长得太帅，儿子太帅了，你就要提防着小女生了！

5. 一定要有自己的网站，但不要开得太多，多了费神，比如论坛，功能太少，只能聊天，不如选择站长天下，好好做个网站，之后添加外链赚广告费，名利双收！

6. 一定要有好的化妆品，但不用太花哨，安全不伤皮肤是首选，雅诗兰黛就行！

7. 一定要有几件好衣服，但不考虑貂皮，为了一件衣服，送了小动物的性命，想想怪可惜的！

8. 一定要去旅行，但不要太频繁，半年一次自驾游就好！

9. 一定要会用微信，但不要当真，网络上的男人没几个可信的！

这就是一篇隐藏得比较深的帖子，看似是为女性朋友提供生活建议，实际上隐藏着几条广告，这篇帖子用的是陈述句，告诉女人"一定要"做这几件事，其中包括购买雅诗兰黛、聊微信、开网站。这几个都是广告，但是雅诗兰黛和微信只是提了一下名字而已，谈到开网站的时候却详细介绍了站长天下的好处——赚广告费，所以其他几条广告都是为这一条打掩护而已！但是这条广告在全篇所占的比重并不多，文章给人的表象是劝诫女人，所以女性朋友在兴致勃勃地看着这篇帖子，获取满足感的同时，已经掉入了网络公司的陷阱。

同传统营销方式相比，论坛营销主要有以下几点好处：

1. 互动性强。企业可以建立一个账号，在论坛上发帖之后，就可以和网友直接交流，有了相关问题也可以及时沟通。通过这种方式，企业和用户之间的距离被拉近了，企业可以轻松收集到用户的第一手信息，了解用户的需求，倾听用户的意见，这有利于企业对产品进行改进，同时也能起到宣传企业的效果。

2. 成本低。论坛营销不需要高额的广告费，只需要有专人负责发帖、顶贴、回复就可以了，所以它的花费只是一点人工费罢了。论坛一般实行免费注册的会员制，所以企业可以批量注册账号，形成"水军"，发帖之后，利用这些水军账号评论自己的帖子，将帖子迅速置顶，然后便可以让用户自行讨论。只不过在论坛注册账号之后，需要专门的人每天维护账号，在论坛中保持活跃度，引导网友交流。

3. 针对性强。对于企业来说，最好的发布帖子的地方是行业论坛。每个行业都有各自的行业网站，这些网站的论坛专业性很强，有极强的针对性。而且很多网站的论坛有不同的版块，其中可能就包括你的产品的营销版块，在该版块重点推广，会找到更准确的客户。例如，做化妆品的可以去找美容版块，做图书编辑的可以找读书版块。

4. 隐蔽性好。论坛营销不像传统的广告营销，许多广告信息都可以隐藏在帖子中，网站上经常有人发布工具的使用心得、书籍的读后感、食品店的体验等，这些帖子的发布或许是有心，或许是无意，但毫无疑问的是，它们都帮助产品或店铺做了宣传。一般情况下，只要软文写得好，广告的目的隐藏得够深，就不会引起网友的反感。

论坛营销在中国兴起的时间并不长，但已呈现出越来越强劲的态势，论坛营销的效果也越来越好。

写好帖子，提升曝光率

因为论坛的交互性非常强，所以论坛一出现，立即成为营销的一种工具。论坛营销的核心在于论坛营销软文，也就是帖子的质量，如果帖子写得好，就很容易吸引用户的目光。

一篇优质的帖子必须是从用户的角度来思考问题的，千万不要在论坛上充当教书先生，没有人喜欢听冗长的说教。想要吸引用户的目光，你必须了解他们的需求。许多企业对帖子的运用可谓得心应手，创造了许多优质的帖子。下面我们就来看一篇经典帖子的片段：

教你吃垮必胜客

去过必胜客的朋友，想必会对必胜客的沙拉有很深的印象吧，小小的一碗就要收几十元！

不过必胜客的沙拉是自助的。给你一个碗（碗越来越小，越来越浅了），你能拿多少，就给你多少。不过必胜客太了解人性了，所以规定沙拉碗只能装盛一次，不管你能装多少。

那碗并不大，而且浅，简单地装，装不了多少，因而，如何保证自己的 32 元（价格真是一涨再涨，最早是 25 元一份，后来涨到 28 元，又涨到 30 元，现在已经是 32 元了）不至于被剥削太多，尽可能地把那只可怜的小碗装满你喜欢的水果，也就成了一门有趣的学问。我每一次去必胜客，都会被这门精深的学问所吸引，为此花了不少钱。

对此，我们有针对性地科学地研究了沙拉的堆砌技巧，现不吝为大家奉上。

这篇帖子可谓经典之作，虽然创作的时间已经过去很久了，但就算放在今天来看，也仍然是上乘之作。在下面的内容里，作者详细介绍了装沙拉的技巧。首先劝消费者打消疑虑，说是花了钱的东西，不必跟他们客气，只管敞开肚皮吃，要达到"扶着墙进，扶着墙出"的境界。接着作者又介绍了如何堆砌菜肴，提出口号"给我一个小碗，还你一个奇迹"。

这篇帖子的高明之处，在于它的广告做得不漏痕迹，因为作者通篇都在说怎样"吃垮"必胜客，是要让消费者能够吃回老本，所以他是从消费者的角度来写的。但是有一点是容易被人忽略的，那就是无论你怎么吃，都不可能让必胜客亏本！相反，消费者去得越多，必胜客越赚钱。但是用户在看到这篇帖子的时候，想的是如何吃回本钱，看到作者分析得这么全面，不知不觉中就有了去实践的想法，所以从本质上来说，这篇帖子仍然是论坛营销软文。

论坛软文的第二个要求是隐蔽性强。与网站软文、博客软文等不同的是，论坛软文的管理更加严格。特别是近年来国家加大了对论坛的管理，迫使管理员更加关注帖子的内容，如果广告的成分太明显，就会在短期内被删除的。所以你必须把广告隐藏在软文中，不能让管理员和用户反感。

论坛软文的第三个要求是多分享、少推广。论坛营销是一个潜移默化的营销方式，它不能使用硬性广告，更不能直接吹捧产品，善于分享比这些拙劣的手法更有效果。就像化妆品的广告词"你值得拥有"一样，你要做的是写出高质量的软文，让网友自动分享，而不是你主动去推广。

从写作的手法上来说，论坛软文的编写可以参照以下几种方法：

1. 比较排名。排行榜是网友最喜欢看的内容之一，比如 2015 年最受欢迎的十大男明星，20 世纪最成功的十大快餐品牌，等等。

2. 自问自答。这招在论坛里屡见不鲜，经常有人在论坛里询问某件事，比如"小弟刚来北京，现在住在通州，这附近有什么好吃的快餐店吗？"接下来就会有人发帖回复说某某某快餐店很好，然后详细介绍餐厅的特色，有多实惠，等等。为了营造氛围，同时避免被管理员删帖，营销人员还会使用不同的 IP 顶贴、讨论。

3. 同类比较。这一招和自问自答有点相似，即选择某一同行业的产品进行比较，突出自己的产品。例如"使用三星手机好几年了，实在太难用了,相比之下还是华为的手机更人性化。华为,中国的良心企业!"

4. 分享经验。自己珍藏的东西往往更容易被人接受,这一方面也是因为网友的不自信推动的,比如"珍藏多年的网站"。网友看到"珍藏"这两个字之后,便想一探究竟。

5. 依傍热点。在介绍热点新闻的时候,巧妙地加入产品信息,看似在讨论热点,实际上是在推销产品。比如"没想到朴树沉寂了这么多年之后,复出所做的第一件事竟是给韩寒的电影《后会无期》作主题曲"。

6. 新奇资源。新奇的内容往往能够获得很高的关注度。

这些就是写作论坛软文的几种手法,也是被使用得最频繁的几种手法。提高论坛软文的质量并不是一件容易的事,在写作的过程中必需用心,从不同的角度推广产品。要让用户感到,这是一篇软文,而不是广告推销。

论坛营销的多种方法

从20世纪开始,就已经有人在做网络营销了,而随着互联网的快速发展,很多网络营销方法甚至还来不及使用就已经被淘汰,论坛营销却始终屹立不倒。这和论坛本身的特点是分不开的,营销的首要目的是传播，无法传播的网络媒体是不适合做网络营销的。新手站长们在接触到论坛的时候，都希望能从中斩获自己的一桶金，然而论坛对营销的方法也有一定的要求，用户不接受垃圾信息，所以采用什么样的方法去做论坛营销就变得越来越重要。

论坛的交互性很强，所以一直保持着超高的人气，要想在论坛上做好营销，首先需要学会如下几个技巧：

1. 选择论坛。并不是所有的论坛都适合你，你所选择的论坛必须和你要推广的内容有一定的关系，做化妆品的就专门找美容美甲的，不要跑去足球吧里。而且所选论坛的人气和流量要高，或者收录情况较好，能上百度首页的当然是最好啦！

2. 注册账号。注册论坛账号时，账号的名称中不要含有广告，版主都是实实在在的人，一旦看到就会封号！

3. 合理利用个人签名。个人签名是对个人空间的介绍，人们在打开个人空间的时候，首先会看个人空间的名称，然后便会看个人签名，了解你或你的这个空间是干什么的。你可以将自己的产品或行业编辑成一句话，例如"缤纷五金厂销售代表"，这样别人看了你的签名以后就知道你是做五金销售的了。许多论坛对个人签名的字数有一定的限制，这就需要你发挥语言能力了。总的来说，个人签名要精练，让人一眼就能看懂，在回帖的时候能显示出来，让浏览帖子的朋友都能看到你的签名，这样就在无形之中做了SEO了。

4. 个人图像。个人图像的功能和个人签名有点相似，都是宣传个人空间的，只是图片比文字更直观。你可以制作一张不大不小的小广告图片备用，在很多网站的论坛上，注册账号后就可以传图片上去，在顶贴和发帖的同时，就会显示出来。

5. 免费推广广告位。很多网站论坛的主题右边有个广告位，它的设置是完全免费的，虽然看着不太起眼，但是相比个人图像和个人签名，这也是一种非常高效的推广方式了。

6. 广告和新手报道区。不要小看这两个区，发布广告有利于你的链接被大型搜索引擎收录，以及SEO优化，发布得越多搜索排名越靠前。

7. 下顶、抢沙发。我们都知道论坛人气很旺的地方一定有好的资源，所以推荐各位到人气旺的帖子下顶，最好能够抢到沙发、板凳的好位置，有助于跟帖的朋友看到你的签名和你的个人图像，可以扩大宣传效果。

8. 经常发帖和回帖。如果你有充足的时间，可以坚持每天到论坛来发贴和回帖，尽快提高你的级别。除此之外，你也可以考虑投放广告，只要有人气就可以。

9. 顶帖内容。你可以多注册一些账号，过一段时间就来顶一次帖，回复你自己的帖子，这种做法可以让帖子的排名十分靠前，但是比较枯燥无味，毕竟没有几个人喜欢天天对着自己说话。在评论的时候还要适当改变一下回复的内容，不要千篇一律的内容，最好结合上面的内容回复，也可以适当做一些广告！等到这个排名维持一段时间之后，就会被更多人看到，他们会跟着上面的回帖内容讨论，这个帖子就会不用你自己努力地顶了。

10. 帖子置顶。置顶是有技巧的，狂轰滥炸地发布100篇帖子，却不做加工，很可能没有一篇能够突出，倒不如写一篇精华帖！另外顶帖的时间频率一定要看该版区的刷新频率来，不要发布主题内容之后，就马上换马甲回复，这样也很容易被人看穿。

论坛营销对帖子的质量要求较高，只要质量做得好，哪怕数量很少也没关系。如果帖子的质量不好，就算被人看见了，也无法引起别人的兴趣。

五、图片，更具吸引眼球的魅力

图片营销更"养眼"

图片营销是相对于软文营销而言的，它的载体并不是文字，而是图片或图文结合，但是它和软文营销有相同之处，那就是它也要求被转载。

其实我们对图片营销一点也不陌生，日常生活中随处可见图片广告，例如车身广告、广告牌、广告灯、网站图片，等等，这些广告都是图片营销。高速公路上有许多大的广告位，人们坐在车里老远就可以看见了，很多公司或个人都用大价钱购买广告位，但是这样的宣传方式成本太高，效果也不是很好。现在网络上更加偏向于新一代的图片营销，因为大部分网民都在使用QQ、微信等聊天软件，以及飞信、MSN等软件。在聊天的时候，人们都喜欢时不时发一张图片，活跃一下群里的气氛。一张优质图片会快速传播网络，但是人们对广告图片没有这样的热情，所以如何利用网络将这些广告图片传播开来，就是我们要说的主题——图片营销。

同软文营销相比，图片营销具有很多优势：

软文营销要求用户有一定的理解能力，而图片营销的范围更广。在互联网上，几乎所有带有评论的网站平台都可以通过图片进行互动，比如猫扑社区这样的论坛，腾讯QQ、新浪UC这样的即时通讯工具，类似新浪博客、网易博客这样的博客。此外，电子书、电子邮件等都可以发送图片，因此也能发展图片营销。

图片的制作成本较低。同软文和视频广告相比，电子图片的制作并不难，设计软件十分流行，而设计师满大街都是，一个设计师就可以完成一张图片的制作，所以制作成本十分低廉。

图片更加直观。图片具有较强的感性认知，记忆更深刻，图片相比文字具有更强的感性认知，当客户看到图片后，可以迅速从图片中提炼出图片的核心内容，给客户留下深刻的印象。

网络为图片营销提供了便利。网络的传播速度很快，传播范围很广，纵使相隔万里，也可以使用通讯软件在瞬间发送一张图片。

网络传播的速度远远超过传统媒体，省去了传统媒体的印刷、制作、运输等环节，在降低成本的同时极大地提高了速度。

图片营销和软文营销的载体不一样，表现形式也不一样，这也决定它们二者之间的具体操作流程也有一定的区别，但是从整体的流程上来说，它们仍然有一定的相似性。

图片营销的定位。这一点是所有营销行为的共同点，在执行之前，你必须知道针对的客户是哪些人，他们的消费心理是什么样的，以及你想达到什么效果。

制作图片。制作图片要从产品的定位出发，结合行业常用的题材。

给图片命名。这一点不同于软文营销，软文营销是先确定课题名称，但是在图片营销中，文字不一定包含在图片的内容当中，文字仍然可以发挥软文营销的作用，所以在图片制作的过程中，要结合图片的内容拟定题目、配上文字，或者采用和产品相关的名称。

图片推广。图片制作完成以后，就需要将它推广出去，天猫和京东网页上的图片就是这个效果。如果是个人做的图片，应将图片广泛地发布于论坛中，聊天群中。图片推广中可借助事件在网络上推广，推广的速度将会更进一步地提高。

评估效果。在图片发布出去以后，要跟踪收藏率和转载率。

利用网络传播图片

正是由于图片营销的种种优势，现代社会对于图片营销非常重视，大到商场外的巨幅海报、商场内的海报插图，小到街边散发的广告传单，以及网络上的无数个分享、微博中数十万次的转发，我们已经被图片营销紧紧地包围住了。而网络上的图片显然传播得更快，一张精心制作的图片可以在一瞬间占据国内各大网站的头条，甚至引起外国媒体的注意。

但是在日常生活中，图片营销最常出现的地方仍然是电子商务网站，例如淘宝网、天猫、京东商城、苏宁易购、亚马逊等。琳琅满目的各种各样的图片，图片上有产品的形态，也有产品的价格，让人们一眼就能看穿产品的全部。不得不说，这样的营销方式确实比密密麻麻的文字更有效果。

图片营销的效果很强烈，对于消费者和商家来说是一种很好的宣传方式，但是这十分考验设计师的功力。目前做得最好的图片营销可能也就是这些电商网站了，因为这些网站有着十分惊人的营业额，利润空间非常广泛，再加上它们对图片非常重视，所以网站的配图做得十分精美。企业或品牌大多善于用文字或视频来吸引消费者，但更聪明的企业或品牌会选择比视频更简洁、比声音更直观、比文字更生动的图片。在如今，图片营销呈现出蓬勃发展的态势，可以肯定的是，它的地位将会越来越重要。

想要最大限度地发挥出图片营销的优势，就必须从图片本身下功夫，一张好的图片必须具备创意和让人过目不忘的穿透力。在制作图片的时候，企业或品牌要确定传播的目的，是要通过图片来提升自己的品牌美誉度，还是推送自己的产品？确定好传播目的之后才能制作图片，制作图片又分为两种：一是生活图片，是为了树立企业形象，提升品牌知名度；二是商机图片，多用于产品的线上销售。在所有准备工作做好以后，就可以按照预定的传播策略，大肆宣传图片，以达到预期的效果。

很多成功案例告诉我们图片营销的影响力是多么好，所以你采取的图片营销效果不好，那是你没有找到正确的切入点。实际上图片营销包含的内容很多，远远不是几句话可以讲清楚的，其中的奥妙需要企业通过实践去摸索。

优化图片搜索引擎

2013年底，百度搜索引擎取消了以往搜索结果中的图文标志，取而代之的是一个更加直观，更加吸引眼球的缩略图。增加了缩略图之后，各个网站的流量分配发生了一定的变化，因为用户可以通过图片更加方便地判断出网站的质量，如果缩略图中包含用户想要查找的内容，他就会点击进去。从这一点来说，缩略图策略可以增加优质网站的访问量，降低劣质网站的访问量，有助于网络秩序的维护。

这件事吸引了广大 SEO 人员的关注，因为百度是中文网站的领头羊，它的一举一动都会对中文网站带来深远的影响，从此之后人们对于网站图片优化的重视程度慢慢增强。

在所有优化图片搜索引擎的策略中，最简单的方法就是给图片添加 ALT 信息，也就是给图片加上简介，让图片和文字结合起来。最好使用精炼过的关键字，图片应该带有链接，正文为缩略图，点击链接后显示大图。这样一来，其他网站如果盗链了你的文章和图片，虽然会带来额外的流量，但是同样会带来一个图片的反向链接，优化了该图片在搜索引擎中的级别。如果服务器能够保证流量的话，不妨去掉图片盗链设置，盗链图片虽然占用流量，但是占用服务器的 CPU 并不大，如果针对 Google 进行一些优化，那么图片搜索往往能带来不少的流量。

不过这只是最基本的做法，几乎所有 SEO 人员都会使用，所以你还要采取一些其他方法提高优化效果。

添加网站图片说明。搜索引擎是无法直接读取图片的，这也是为什么有很多网站在验证信息的时候会给你一张图片，让你输入图片中的文字。因此，为图片添加文字说明是必要的。最常用的方法是添加 ALT 属性和 Title 属性。总的来说，ALT 属性更重要，而 Title 可以让鼠标放在图片上时显示相应的说明文字。那么应该如何添加 ALT 说明文字呢？

有的人喜欢用包含关键词的一句话去描述，也有的人认为 ALT 属性应尽量简洁，不要强行添加关键词。我认为后者更可取。如果能使用关键词当然最好，因为 ALT 属性是搜索引擎优化的重要组成部分，可以让关键词更突出，但是不要堆砌关键词。添加文字说明的时候，应和图片信息保持一致，还要注意前后文字的相关性。

保持图片的原创性。虽说搜索引擎不能直接读取图片，但是它对于图片的识别已经达到令人吃惊的程度了。百度推出了"百度识图"，你可以在上面贴上一张图片，然后就能用图片搜索图片了。那么，搜索引擎是如何为这些图片加上"指纹"的呢？这和搜索引擎对图片的算法有关，据我了解，其算法主要有计算哈希值、pHash 算法和 sift 算法等。它的原理其实很简单，就是对每张图片生成一个"指纹"（fingerprint）字符串，然后比较不同图片的指纹，如果结果比较接近，就说明图片很相似。这种算法的优点是简单快速，不受图片大小缩放的影响，缺点是图片的内容不能变更。如果在图片上加几个文字，它就认不出来了。所以，它的最佳用途是根据缩略图，找出原图。

总的来说，这种算法还是有一定局限性的，所以你要是没有足够条件的话，就没有必要完全追求原创。只需对图片进行一些简单的调整即可，具体操作方法有：

给图片打上水印，或是在角落里加上企业的名字及网址。例如设计素材网站昵图网（www.nipic.com）就使用了这种方式，昵图网总是在图片的最下方加上一行水印：昵图网 www.nipic.com，以及作品编号，如 By：Saintdick No：2015071221240555777。

改变原图的尺寸，如改变长宽比例，或截取部分图片。

可以利用图片处理软件，对图片进行拼接或修改，常用的图形处理软件有 PS、Fireworks、美图秀秀等。

在保存图片的时候，建议使用 Png 格式，百度站长平台里面用的图片就是 png 格式的。这种格式有很明显的优点：体积小、索引彩色模式、更优化的网络传输显示、支持透明效果。而图片的尺寸对优化结果是否有影响呢？答案是肯定的，大部分电脑屏幕并不是正方形的，而是长方形，所有搜索引擎更偏爱长方形的图片，长宽比例最好保持在 5：3 左右，百度搜索结果缩略图的尺寸是 121×75，而大图的尺寸在 600×450 左右，图片的容量不要超过 1M，太多的图片反而会影响使用体验。

图片营销的小技巧

图片营销具有十分明显的优势，而且随着社会经济和网络科技的快速发展，图片营销的地位将会更加重要。目前，图片营销已经从传统的纸质海报宣传发展到网络图片宣传。图片营销的形式也不再局限于对产品的直接宣传，它可以用来宣传企业，也可以用来博取点击量，提高人气。各类商家、企业对此越来越重视，花费重金做出了许多经典案例，但是对于普通网友来说，怎样利用图片提高优化效果呢？

1. 建立一个高权重的相册。在用关键词搜索图片的时候，搜索结果第一页里通常会有"关键词+图片搜索结果"，这一点在大的搜索引擎中都是如此。如果你仔细观察百度的搜索结果，就会发现其中很多带有关键词的图片来自百度空间的相册，另外，网易新浪等博客相册中的图片也有很大的比重。这说明这些网站中含有很多高权重的相册，它们在搜索结果中会优先出现在用户的视野中，这给我们利用图片推广网站提供了很大的便利。如果你有一个权重较高、粉丝很多的博客或空间，不妨在里面单独建立一个相册，吸引高的访问量。

首先，你要建立一个相册，确立相册的名称，最好使用和产品有关的关键词，让人一目了然。这个名称将会出现在图片页面的 Title 里面，也将会作为搜索引擎判断图片内容的重要依据。接着你就可以往相册里上传图片了，这个没有什么技术含量，尽可能选择网速好的时间段或者地点，一般相册都可以批量上传的。等图片上传完毕之后，添加图片描述。这个描述指的不是 ALT 属性，只是图片下面的说明文字而已，图片描述同样是搜索引擎判断这个图片的重要依据，建议这个描述使用长尾关键词。

百度判断图片的方式并不只是依靠图片的 ALT 属性，页面的 Title 属性同样是很重要的，因为 Title 等于相册名称＋图片描述＋博客名称。当然，添加图片的时候你可以在上面加上水印或网址，这样是为了保护版权，也能起到直接推广的作用。

如果你有多个账号，你就可以参考论坛营销的方法，用不同的账号和 IP 对自己的相册进行评论，快速提高图片的人气。也许你认为自己账号太少，就算全部评论一遍也才十来个而已，但是有一点你要记得，有评论的照片总是会比没评论的更容易吸引注意力。

2. 图文结合。相比之下，百度、360、搜狗等搜索引擎对相册比较友好，而 Google 对文章里的配图比较友好，之所以这么说，是因为它更倾向于 ALT。相信广大做网站的朋友很多都在使用博客推广网站吧，图文结合的目的一方面是吸引读者，积攒人气，另一方面也是方便优化，让搜索引擎能够直接搜索到。需要注意的是，图片的 ALT 属性不能编辑，默认为博文标题，所以在标题中融入关键词是相当重要的，靠近图片的文字也很重要，同样会被列入判断依据。

3. 建立 SNS 空间相册。有个人空间对搜索引擎不友好，如百度空间、51 个人空间、SNS 社区等，但是这些软件的用户数量非常庞大，而且有相当一部分人使用的是真实资料，所以更容易受到信任。

4. 群发优质图片。在论坛里，自己所做的推广活动只能是抛砖引玉，想要达到推广主页的目的，最终还是要处理图片，将其变成有价值的帖子传播出去。如果你的商品图片能够像病毒那样传播开来，带来的流量之大是无法想象的。

5. 举办图片展。租赁展览馆价格高昂，但是在网络中就不是件难事了。你可以约几个人，每个人出几张图，拼合成展板或展架，贴到流量较大的网页中。如果选取的图片质量较高，就很容易吸引流量。比如说你是做网页设计的，那么你就可以找几个朋友，让他们贡献出自己的作品。优秀的作品集中在一起，就会显得比较专业。当然你也可以在作品下面或展览说明中加入"本图片展由某某赞助"，"本展中包包由某某提供"等字样。

有创意、有主题，增加吸引力

做 SEO 优化最重要的是内容，SEO 圈内有一句话，叫作"内容为王，链接为皇"，这句话被众多 SEO 人员奉为真理。然而如何表现内容则是对SEO人员的考验了，总的来说，应当符合紧扣主题、创意鲜明这两个原则。

图片营销与其他营销模式有着很大的不同，它必须有一个统一的创意，而且这个创意会贯穿整个营销的过程，因为人们的话题的焦点始终集中在图片上，他们是被图片吸引过去的，在谈论产品时必将受到图片创意的影响。也正因为如此，图片营销需要管理者有极强的创意能力和指挥协调能力，需要实施者有极强的执行力和团队精神，只有这样才能确保图片营销的顺利实施。

图片营销的最终目的是推销企业和产品，所以它的核心切入点肯定是企业和产品。设计人员和营销人员要对产品的内容和形式有一定的了解，做出最合适的创意策划，提高产品对用户的吸引力。许多成功的营销人员在做图片营销的时候，都会强调市场调研的重要性，他们的经验是"以需求为导向，以问题为导向"，通过发掘用户的需求，提出适合市场实际情形的创意策划。

图片营销的直接落脚点是市场，要通过销售的渠道、手段、策略等方面的创新，最大限度地扩大产品的知名度和影响力，进而提高产品的市场占有率。许多媒体在做图片营销的过程中，并没有完全盯着图片和网络，而是在网络营销的过程中举办各种公益活动吸引媒体的注意力，或是开展互动性强的社区活动来吸引受众参与，以及在各种媒体终端同时进行全方位推介等。这种商业运作是非常成熟的，既体现出了职业精神，也充分发挥了创意的作用。

　　在做图片营销的时候，最好是找专门的设计人员做原创图片，一来不用担心版权的问题，二来自己做的图片更符合产品的特征，不至于发生创意和产品脱节的尴尬情形。如果你并没有足够的资金和精力去做图，也可以从网络上搜索最贴近产品的图片。图片的素材来源很广泛，比如一些搞笑的图片，或新闻、热点片段。国内有几个不错的设计网站，有许多设计师和设计爱好者在上面发布有创意的图片，如昵图、站酷、猪八戒，等等，国外也有些专门分享图片的网站。我本人比较喜欢 http://shutterstock.tumblr.com/，这是一款美国的图片网站，Shutterstock 是第一家下载量突破 2.5 亿的公司。最新的数据显示，每秒就有 2 张 Shutterstock 的图片售出。可以说，shutterstock 是世界上最赚钱的图片网站。

　　挑选到合适的图片之后，你可以加入一些文字说明，以加强宣传效果，只是加入的文字必须符合图片所营造的气氛，否则就会让人产生"驴唇不对马嘴"的感觉。一个优秀的图片营销，应当包括生动有趣的图片，同时还要有说服力强的软文。

六、淘宝直通车，价格早知道

淘宝直通车推广

淘宝卖家对淘宝直通车可能并不陌生，它是一种搜索竞价模式，也就是付费提升宝贝或店铺的排名，让宝贝能够在买家浏览淘宝网页时快速出现在买家的眼前。它是由阿里巴巴集团下的雅虎中国和淘宝网合作，进行资源整合推出的。它的竞价结果不仅可以在淘宝网上展现出来，还可以在雅虎搜索引擎上显示。卖家在使用淘宝直通车的时候，可以对每件商品设置200个关键字，方便竞价排名，同时也可以对每个竞价词进行自由定价，查看宝贝或店铺在雅虎和淘宝网上的排名位置,当用户被淘宝直通车推出的广告所吸引并光顾卖家的店铺时,阿里巴巴就按照实际点击次数向卖家收费(每个关键词最低出价 0.05 元,最高出价 99 元)。

对一般用户来说,淘宝直通车只是一种产品推广的方式,但是对于它究竟是怎么运作的,或者说广告图片和信息究竟会在哪里被买家所看到并不了解。针对这个问题,我会用举例子的方法,站在普通用户的角度,用最简单的语言让大家明白淘宝直通车主要包含的内容。

1. 搜索宝贝。根据用户的不同习惯,淘宝网设定了两种主要的搜索方式,一种是针对产品不太熟悉的人,可以利用导航栏搜索,也就是宝贝的类目;另一种是有明确的目的,可以直接搜索关键词。

第一种,利用导航栏搜索。大多数电商网站都设置了导航栏,导航栏涵盖了所有的商品类别。亚马逊的导航栏做得比较简洁,打开网站之后在网页最左边就可以找到,而淘宝的相对来说更细化。当买家直接进入我要购买或者淘宝首页,点击宝贝类目中的子目录,比如:女装韩版,在显示的搜索结果页面中,掌柜热卖的位置就是直通车的广告位。这些广告都属于韩版女装的类目下,并且对此类目进行了类目出价类的所有宝贝的广告。同样的在页面下方,仍然可以看到几个一样的广告,这就是淘宝直通车的宝贝展现位置。使用了淘宝直通车的宝贝总会在第一时间出现在买家面前,所以能为卖家带来巨大的访问量。

第二种，搜索关键词。如果买家明确想要购买的产品，就可以在打开淘宝网首页之后，在搜索栏中输入产品名称，然后点击搜索。比如搜索耳塞，淘宝会立即展示出相关产品，而在搜索结果页面的右侧会出现"掌柜热卖"一栏，竖着排列几个广告位，这里出现的产品也是和耳塞相关的产品。另外，在搜索结果页面的下端，也会相应出现广告位，同样是"掌柜热卖"，这和网页右侧的掌柜热卖是一样的效果。

2. 直通车价格。直通车是按照点击扣费的，没有点击是不扣费的，并且只有在直通车的广告位（也就是掌柜热卖）里点击才收费的。每次点击的扣费规则有三个：

第一，每次点击之后，阿里巴巴会在排名靠后的卖家出价上加一分钱；

第二，每次点击的扣费不会高于卖家本人的出价；

第三，如果你的出价和别人一样，设置的时间排名越靠前。

需要注意的是，只有在买家通过直通车广告进入卖家店铺的时候才会收费，自己点击也会收费。卖家可以通过直通车后台的报表统计查看每天的扣费情况。

3. 竞价词。很多用户在浏览淘宝网时，在搜索栏里输入一个词，如上文的耳塞，从买家的角度来说，这个词叫关键词，通过它你可以找到自己想要的产品；而从卖家的角度来说，这个词叫竞价词，因为卖家购买了这个词，并设置了出价，这样你的产品才会在买家搜索词语的时候出现在直通车的广告位置上。竞价词对卖家有很重要的意义，设置得不好会造成资金的浪费，所以卖家在设置的时候要站在买家的角度上来考虑问题。

4. 类目出价。其次，竞价词包含关键词。这个很容易理解，举个例子：比如买家在宝贝搜索里输入棉衣外套的关键词，如果您的宝贝设置了此竞价词，那么您的宝贝就能够在掌柜热卖的直通车广告位置上出现。众所周知，在淘宝网中，如果您想购买物品无非有两种途径进行搜索，一种是直接输入关键词，另一种是直接点击类目进行搜索。而在淘宝直通车中，输入关键词对应的是竞价词，而搜索类目对应的就是类目出价。淘宝网为买家提供的搜索类目也有两种，一是点击淘宝网首页的导航栏，进入产品搜索页面；二是在淘宝网首页选择我要买，进入类目搜索页面。这个时候，搜索栏里只显示产品类目下的宝贝，但是没有搜索词。如果你的宝贝属于这个类目并且设置了类目出价，就可以显示在掌柜热卖中。

修改类目出价有两种方式，一种是推广新宝贝，选择启用类目出价——默认出价，这时类目出价选择的是统一的默认出价；另一种是管理推广中的宝贝——宝贝编辑——类目出价——修改出价——使用默认出价/自定义出价/不启用类目出价。

淘宝网是中国电商的代表性网站，其中有着巨大的商机，但是在做淘宝之前，应当对这些基本运作模式有所了解。

提升淘宝直通车的推广效果

淘宝直通车是一个很好的展示平台，每天光顾淘宝的人不计其数，但是这不代表你的店铺会被人知晓，如何巧妙地利用直通车推广店铺和产品就显得十分重要了。

设置合适的竞价词

我在上文说过，直通车展示的产品和买家搜索的产品是同类的，这也就是说只有卖家设置的竞价词和买家搜索的关键词保持一致时，直通车才会展示你的宝贝。因此，设置一个合适的竞价词是至关重要的，这直接影响到推广效果。

卖家在设置竞价词的时候，要从买家的角度去考虑，因为你的产品想要展示出来，最终还是要靠买家的搜索的。假设你积存了一批某品牌的 iPad mini 2 的保护套，要怎样设置竞价词呢？这个时候你就需要想一下了，买家在搜索的时候会用什么关键词呢？用户才不会管保护套的牌子呢，他们在乎的是这个保护套能不能装在 iPad mini 2 上，所以你的竞价词应该是 iPad mini 2 保护套。

在设置竞价词的时候，还有一点需要注意，那就是要把浏览量大的词和浏览量小的词结合起来。一般来说，浏览量小的词要放在前面，以提高人气，而浏览量大的词排名要稍稍往后排，除非产品很有优势，因为买家总是想多看看其他家的产品，不会第一眼看到就买下来了，如果你的产品不咋样，冲在前面只能当炮灰。

下面给大家推荐几个设置竞价词的小技巧，这也是被广泛使用且效果不错的方法：

1. 从宝贝的名称中提出关键词，作为宝贝的竞价词。

2. 从宝贝详情里的属性词入手，宝贝详情是买家十分关注的，所以能吸引买家的注意。

3. 使用名称词和属性词里面的组合词，这些词比较精确，容易勾起买家的购买欲望。

如果我们能够掌握以上三种方法的话，设置竞价词就十分容易了。设置竞价词的同时，卖家也应当清楚地知道拟定产品标题的技巧。

拟定产品的标题

拟定产品标题的重点在于突出产品的卖点，一般来说至少应当包含以下信息：信誉度（如果信誉不高的可以用100%好评）、产品名称、功效、价格实惠、促销活动（如包邮、买一送一，等等）。比如说，手机卖家可以添加他的售后服务、服装卖家可以添加衣服的尺码，等等。这样一个好的产品标题才能帮助实现更多的交易量。

什么样的标题才算是一个好的标题呢？那就是一句能够体现您宝贝特点的广告语。既然是广告语，那就要做到短小精悍。大家看下面这个标题"冲双钻、全国包快递、安全背带裤"。"冲双钻"体现了掌柜进行推广的目的；"全国包快递"让买家知道了促销的内容；"安全背带裤"也体现了宝贝的特点。这样的标题短小精悍，又能吸引人，就是一个好的标题。

影响综合排名的因素

关键词是对产品的综合排名影响最大的因素，卖家在添加关键性词语的时候，一定要选择和产品所属类目、产品的属性和标题相关的词语，这样做的目的是方便买家搜索，以便在质量得分上获得较高的分值。

产品的信息准确与否会直接影响排名。产品本身的类目/属性/标题/图片/详情页等信息和买家搜索意向要相符合。例如：把产品放在最相关的类目进行推广，遵守淘宝商品发布规则；上传产品时，认真填上相关属性，当产品属性和买家的搜索需求越吻合，质量得分越高，所以属性填得越全，产品总体质量的分越高。

选择质量较高的标题和图片，以增强产品的吸引力，例如提高图片、详情页面质量等，有助于增加点击率。

在设计页面时，添加客户反馈，让买家说出自己的使用感受，这一点也很有诱惑力。

产品的成交转化率。

淘宝直通车是产品信息在淘宝系统上的推广方式,合理利用的话可以极大地提升推广效果,但是如果在短期内无法学会使用直通车,也可以找第三方专业托管。

七、IM 营销，闪动中的交流

IM 营销的发展过程

IM 又叫即时通讯（instant messaging），作为互联网的一大应用，其重要性日益突出。在互联网科技快速发展的今天，IM 的使用范围早已超过了电子邮件，成为仅次于浏览器的第二大互联网应用工具。

最早的 IM 是由以色列人开发出的 ICQ（I Seek You，我找你），在互联网上发表之后，立即获得广大互联网用户的支持，短短两年之内就获得了一千多万个用户，随后即时通讯软件便如雨后春笋般涌现了出来，最具代表性的是腾讯 QQ、MSN、新浪 UC、微信、

Google Talk 等。在中国，占据市场最大份额的即时通讯公司是马化腾创办的腾讯公司。

早期的即时通讯软件只是用户之间传递信息的工具，然而随着用户人数的不断扩大，即时通讯软件被赋予了营销推广的功能。营销的目的是推广产品，而即时通讯软件的高普及率为营销推广提供了极大的便利。早在 2014 年 4 月 11 日，腾讯 QQ 同时在线用户数就已突破两亿人次。而现在随着 IM 工具在商务领域内的普及，IM 营销也成为不容忽视的话题。

腾讯 QQ 与可口可乐合作的 IM 营销

腾讯 QQ 对 IM 营销的运用可谓得心应手，每每遇到重大节日或事件，QQ 都会推出各种推广活动，这也体现了腾讯对用户体验的重视。2008 年的北京奥运会是中国历史上的一件大事，曾经让全中国为之沸腾，腾讯当然没有放过这个极佳的营销机会。

2007 年 6 月，可口可乐公司作为北京奥运会的赞助商之一，发布了一则消息，向全中国征集 1188 个火炬手名额。2008 年 3 月 24 日，北京奥运圣火在奥运会的发源地——距离雅典 370 公里处的古奥林匹克遗址上正式点燃。而在同一天，腾讯 QQ 也推出了一项特殊的火炬传递——火炬在线传递。

在争取到火炬在线传递的资格后，网友即可获得一枚"火炬大使"的称号，QQ头像处也会点亮一枚图标。该用户可在10分钟内邀请其他用户参加活动，同时获取"可口可乐火炬在线传递活动"专署QQ皮肤的使用权。只要轻轻单击鼠标，QQ用户就可以实现自己参与奥运火炬传递的梦想。而且，这个资格将会作为QQ秀标签一直保留下去。

消息发布两周之后，已经有1700余万人参加到了这个活动中，而到8月份活动结束时，该活动的参与人数已经达到6000多万，约占腾讯QQ用户总数的10%，每天有3000多万人次访问可口可乐公司的活动网站，成功地为腾讯QQ和可口可乐带来了巨大的回报。

这个案例是中国IM营销的经典案例，它是两个大企业发起的针对全国网民的活动，最终十分成功。然而对众多中小企业来说，它们并没有这样雄厚的资本，也没有这么经典的策划，它们在IM营销的利用上仍处于刚刚起步的阶段，例如和客户沟通、接待网站访客等。即便如此，IM营销仍然为它们带来了很多便利，IM营销本身就具有传统营销无法比拟的优势。

1. 互动性强。即时通讯软件有庞大的用户群，交流起来十分方便，改变了以往科技不发达造成的沟通困难、消息闭塞，即时通讯软件让企业掌握了主动权，快速将产品展示给消费者。

2. 营销效果好。在没有即时通讯软件之前，企业要想做产品推广，必须花费大量的精力和金钱，雇人走上大街小巷散发传单。而现在，企业可以通过分析用户的注册信息，如年龄、性别、地区、职业、爱好等，以及各类有相同兴趣的群组的具体情况，向潜在的消费者发送用户感兴趣的品牌信息。发布信息之后，用户即便不会立即购买，但是也能够诱导用户主动参与信息的传播，使营销效果达到最佳。

3. 成本低。IM 营销的成本很低，一篇精心设计的推广资料可以重复发送，只需维持少数设计人员和负责推送广告的营销人员的基本工资，即可向全国范围内的用户发送信息。IM 营销免去了大量传单、宣传手册等资料的费用，而且不需要营销人员到处奔波，如果用户有意向购买产品，再派出营销人员与之商讨即可。

目前中国市场上的 IM 工具以 QQ、微信为主，从早期的 QQ 推广到现在的微商营销，IM 工具在产品营销上发挥了巨大的作用。也许将来会出现一家新的网络公司和腾讯抢夺市场，唯一可以肯定的是，IM 营销一定会发挥更大的作用。充分发挥 IM 通讯工具的优点，就可以在市场中占据一席之地。

如何做好 QQ 推广

我相信大多数人肯定听过"微商"这个词，但是对于应用同样十分广泛的 QQ 推广就没有那么了解了，因为从整体上看来，QQ

推广似乎比微商营销难度更大,之所以会有这种结果,一方面也是由QQ和微信之间的区别造成的。微信好友大多是自己认识的人,其中有一部分是自己经常联系的,而QQ好友则有很多陌生人。看到你发布的信息之后,微信好友更容易相信你。但是QQ推广的范围更广泛,它可以被更多的人看到,所以只要好好利用QQ推广,可以取得和微商营销同等的效果,甚至比微商营销更好。

有一次参加华东互联网站长大会的时候,有个朋友跟我说,他们公司里的营销人员每天会在2000个群里发消息,但是效果一般,为什么呢?这是因为很多人对QQ推广的认识还停留在群发广告的阶段,这种方法的推广效果是最差的。比如说你建立了一个好友群,结果突然加进来一个陌生人,二话不说疯狂地发广告,你说他除了被管理员踢出群之外,会能获得什么效果呢?而且QQ群不同于网站,它的信息是即时滚动的,你发布的广告很快就会被别人的骂声所淹没。所以,对于QQ推广来说,单纯地堆积广告数量是不可取的,在发布广告的同时也要注意广告的效果,要本着"一群一阵地"的原则长期奋战,逐步扩大客户群体。下面就来讲讲如何做好QQ推广。

1. 先谈感情,后推广。网络为营销带来了便利,也为诈骗提供了新渠道。网络诈骗几乎是和网络营销同时出现的,随着防诈骗知识的普及,大家对于互联网上的信息越来越谨慎。在QQ群里,人们总是对陌生人发布的链接充满戒心，几乎没有人会随便打开，所以对于QQ推广来说，只有先打消别人的疑虑，才能让他们接受你发布的信息。

2. 提升群用户的转化率。广发消息只是推广的一种手段，而不是推广的根本目的，如果收不到良好的效果，这种方法就是不可取的。所以发多少条消息不重要，重要的是让更多的群员成为客户。只有在一个群体中长期奋战，将信息传递给尽可能多的人，转化率才会体现出来。

3. 广告少而精。广告这东西，偶尔发几条可以调节气氛，一旦发多了就容易引起反感。在QQ群内推广信息时，即使不会被管理员删除，广告的频率也不能太频繁。重复的内容最多一天发送一次，同时提升广告的质量，选择有趣、有用的广告，让用户主动愿意关注。

4. 做"软性"广告。软性广告是相对于传统的硬性广告而言的，软性植入广告才是提升效果的良药。其实平常群员聊天的时候，是推广的绝佳时机。我们可以在聊天时，融入要推广的内容，这样大家不但不会反感，反而会自然而然地接受信息。这一点在为微商营销中被广泛使用，由于微信上的好友大多是认识的亲朋好友，他们关注的是效果，所以微商人员会在聊天的时候传播许多护理的小知识，帮助好友提升效果。

5. 巧用群公告。群公告是群内最显眼、广告效果最好的位置。但是群公告只有管理员才可以操作，那普通群员有没有可能利用这块黄金宝地呢？方法肯定有。群公告除了能显示公告信息，还可以显示群内的最新图片等，我们就可以利用这一点进行推广。具体方法可以参考新浪微博中的组图，每一组图做九个，在图片上加入广告信息。最好是正方形，一眼就可以看完广告内容。然后把这九张图片按顺序上传到群公告上。

6. 发送群邮件。QQ群自带有群邮件功能，可以针对群内所有成员群发QQ邮件。这个功能非常强大，转化率也非常好。因为在发完邮件后，QQ会在电脑右下角自动弹出邮件提醒消息，保证每个群内成员都能及时看到邮件内容。只是在编写邮件的时候最好不要使用转发的内容，也不要使用纯广告，如果你能够真诚地向朋友们介绍产品，效果一定会好很多。

QQ群并不是唯一的工具，QQ上的许多版块都可以用来推广，比如在QQ空间中发布产品介绍、将昵称和签名设置为产品代理、将企业商标设置为头像等，这些都是推广企业和产品的方法。在实际使用QQ推广的时候，要灵活运用这些工具。

第四章　营销手段和网络高科技的碰撞

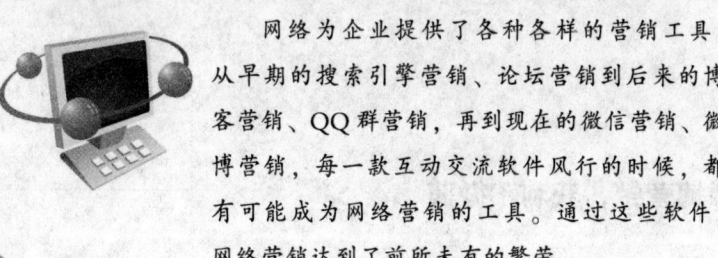

网络为企业提供了各种各样的营销工具，从早期的搜索引擎营销、论坛营销到后来的博客营销、QQ群营销，再到现在的微信营销、微博营销，每一款互动交流软件风行的时候，都有可能成为网络营销的工具。通过这些软件，网络营销达到了前所未有的繁荣。

一、微博营销，分享简单快乐

微博营销，获利不微薄

微博出现以后，曾经出现一阵微博营销的火热场面，一时之间，微博成了众多企业和明星的营销工具。进入 2013 年之后，这种火热的情绪渐渐下降，微博好像已经行将就木、毫无价值，甚至众多品牌开始清场退出，转战微信、论坛等阵地。

当多数人唱衰微博的时候，微博仍然坚持到现在，并且每逢一个热点事件就"复苏"一次，遇到重点新闻，仍然有许多人愿意去刷刷微博。例如席卷全球的公益病毒 ALS "冰桶挑战"，以及 2014

年红牛借索契冬奥会提出的正能量，或者是"国民岳父"韩寒对《后会无期》的营销，都在微博上掀起了一阵话题热潮。

红牛：奥运五环变四环，不完美中的正能量

红牛是一款增加能量的功能性饮料，所以该公司一向从"能量"入手，推广喝红牛的作用。在2014年俄罗斯索契冬奥会的时候，红牛就凭借着优秀的营销手段着实火了一把。索契冬奥会是全球性的体育盛会，吸引了众多目光，但是在2月8日凌晨开幕式上却出现了戏剧性的一幕，在雪绒花"绽放"成奥运五环的过程中，竟然有一个环没有打开，这一幕令人十分尴尬，遭到许多人的吐槽。红牛公司凭借着敏感的嗅觉，抓住这一机会借势营销。

五环变四环是一次失误，是不完美的瑕疵，体现出来的是"负能量"，然而就在大家讨论这一个不完美的细节的时候，红牛在官方微博上推出了一幅海报，画面上五罐红牛摆成奥运五环的形状，其中四罐打开，留下一罐未开，海报下面配上文字说明"打开的是能量，未打开的是潜能"。之后红牛联络了体育圈、营销圈、广告圈等业界领袖参与评论，迅速吸引了众多目光。活动当天参与用户数千，覆盖用户919万人次。人们对这一神来之笔表示认可，活脱脱将奥运上的负能量转变成了红牛的正能量，央视财经、搜狐新闻等媒体也给予了积极报道，并将这次的案例评为本次事件最佳借势传播

创意。

作为两种利用社交媒体传播的营销方式,微博营销和博客营销有相似之处:二者都以文字或者图文信息为主,这些信息必须是对用户有价值的信息,想要做好这两种营销方式都必须有坚实的营销功底和持之以恒的信念,除此之外没有捷径。另外,无论是微博营销,还是博客营销,真正的营销功夫在信息之外,要让用户主动参与讨论,在潜移默化中达到营销的目的,而不是生硬地推销。二者都需要以众多的粉丝为推广媒介,有众多的粉丝,就会有较强的影响力,做起营销来自然事半功倍。

尽管微博营销和博客营销有这么多的相似点,但是两者又有十分明显的差别。

博客营销以价值为核心,体现的是信息的价值,而微博营销以发布者为中心,体现的是某个人的个人影响力,这些又取决于粉丝对他的关注度,以及粉丝的个人影响力,因为粉丝会给他带来二次推广(即社会网络资源)。概括起来说,可以将微博营销与博客营销的区别归纳为一句话:博客营销依靠推广者的个人力量,而微博营销需要依赖推广者的社会网络资源。

微博和博客的信息在后台的代码的表现形式不同。利用博客做营销必须介绍产品的专业知识,所以会有很多人看不懂,而微博短小精炼,能够将有趣的事情在140字以内说完,所以比博客营销好做多了。

信息传播方式不同。微博的传播速度比博客更快，注重的是信息的时效性，要求在当天产生效果，很少有人去关注三天以前的信息，除非事情本身的价值非常高。然而博客营销方式除了用户直接浏览之外，还可以通过搜索引擎获得持续的浏览量，以获得长期关注。所以扩大传播渠道对博客营销是非常有价值的，但是对微博营销没有意义。

用户获取信息的行为不同。微博十分简短，可以通过手机、电脑等多种渠道获得，在信息和时间上表现出类似于微信的碎片化，所以用户不会立即做出某种决策，而是会反复对比。但是博客的内容很长，一般使用电脑浏览，一个小时的持续关注就可能让用户做出决定。

如何做好微博营销

像其他的网络推广媒介一样，微博营销也需要花大量的时间和精力，只有用心经营才能做好。微博注重的是快速传播，需要在最短的时间内获得最广的信息传递度，所以收集有效的粉丝是十分必要的。

你发布了一条消息之后，不仅粉丝可以看到，还可以在粉丝转载之后，让粉丝的粉丝看到，这就是二次传播的力量。而获取粉丝最简单的做法就是官方认证加V，加V之后你会显得更有权威性，容易让人相信！目前在新浪微博中很少有名人不加V，甚至有很多名不见经传的人抢着加V。事实上，新浪微博也有许多漏洞，许多人就是利用了这些漏洞成功加V，上演了一出"李鬼充李逵"。但是无论怎么说，加V都可以为你的微博营销带来很多便利条件。

　　加V之后，你要做的仍然是收集有效的粉丝，提升关注度。所谓有效粉丝是相对于"僵尸粉"而言的，这些粉丝在微博上比较活跃，经常刷微博、加评论、转发。我们要做的是收集有效粉丝，花钱购买僵尸粉虽然看起来声势浩大，但是谎言总有被戳破的一天，况且僵尸粉不会给你带来多少实际效益。收集有效粉丝的方法有很多，最重要的是发布真实信息，利用微博现有的有奖转发，或者微话题等促进微博转发量。如果你做的是草根微博，可以打开新浪微博草根人气榜，就会知道大家最喜欢什么。一般来说，最受欢迎的草根微博包括笑话、经典语录、生活常识、小智慧、星座运势、创意图片、精彩视频等领域。在获得粉丝之后，你要及时做好粉丝的互动与回复，让粉丝知道你在时刻关注他！

　　获取粉丝是做微博营销的必经之路，但不是唯一内容，如果你以为增加个几十万的粉丝就可以高枕无忧，那就大错特错了。你的最终目的是通过微博赢利，所以你的关注点要放在怎么引导你的粉丝，把流量转化成销量上面。

选择合适的话题。一条微博的核心是话题，你需要根据听众的喜好设定话题，就是要在微博设立初期制定内容策略。如果你的微博是提供笑话故事的，那么你就要选择与笑话有关的内容，文字、GIF、视频等都可以；如果你的微博与设计有关，那么你最好选择经典的设计案例。微博的最终目的其实是分享内容。对于企业来说，运用好社会化媒体的关键在于内容策略。

设置标签。标签是十分重要的，设置的好了可以帮你找来你想找的人，如果标签不合格，就算你有多少粉丝也没用。当然不同时间需要用不同的标签，让搜索结果一直能处在第一页，这样才有机会被用户关注。

善于使用热门话题。热门话题是最好的营销工具，技术高超者总是善于借势而行。新浪微博上有每小时热门话题排行以及每日热门话题排行，这些都是很有用的，因为这些话题适合微博的每个人，并且善加策划进我们的营销内容，可以增加被用户搜索到的几率。

主动搜索相关话题。把我们所在的行业百度知道中用户常问的问题总结整理出来，把重要关键词提取出来。如：知名服装设计师、服装设计师招聘、服装设计作品等。随时关注微博用户讨论内容，主动搜索，主动去与用户互动。

定时更新微博。一般来说，草根微博需要每天发送6～20条微博才能保持粉丝的热度，这就要求博主每个小时都能发 1~2 条。频率和节奏把握不好，会让粉丝流失。定时更新微博的好处是让粉丝形成习惯，打开微博之后就会留意你发的内容。

　　2014 年，新浪微博更名为"微博"，而搜狐公司的张朝阳也公布了自己的新浪微博号，正式放弃搜狐微博的业务，网易微博也停止运营，而腾讯微博虽然人数众多，但是活跃度和参与度明显比不上新浪微博，国际知名的 Facebook 又因为种种原因至今未获得审批，无法进入大陆，所以中国的微博市场实际已经被新浪微博垄断了。

二、微信营销，免费快发所向披靡

火热的微信营销

作为腾讯旗下的两大品牌，QQ 和微信都是即时通讯软件，只是二者是在不同的社会背景下推出的。QQ 流行的年代，正是互联网在中国快速发展的时期，那时网民上网多是通过电脑，所以 QQ 聊天的基本条件是双方都在线。而微信推出的时间是移动互联网兴起的时期，所以微信针对的更多是移动互联网的基本特点——时间碎片化。从这一点也可以说，微信是 QQ 在智能手机时代的延伸。两者都具有广大的用户群体，所以 IM 营销在二者身上都得到了很好的体现。

在2011年腾讯推出微信的短短一年之内，微信的使用人数就已经达到一亿，截至2013年11月已经突破六亿，这样庞大的用户基数为微信营销提供了极好的平台。中国使用智能手机的用户群体十分庞大，这为各种新兴事物提供了生存的土壤，许多软件推出之后便可以获得成功，微信营销也是这样。

微信具有很强的互动及时性，无论你在哪里，只要带着手机，就能十分轻松地同他人进行互动。微信营销有它自身的优势，它具有博客营销和微博营销的优点，又有二者无法企及的地方，它的传播速度比博客营销更快，它与用户的关系比微博更紧密。在博客和微博上发布产品信息会引起别人的反感，但是公开在微信上打广告却能获得一个很好听的名字——微商。2014~2015年微信朋友圈几乎被微商刷屏了，这显示出微商的火热。然而微信营销效果最好的执行者，并不是我们身边的亲朋好友，而是一些利用微商积极发展下线的大企业。在朋友圈中推广产品的是C2C微商，即个人与个人之间的电子商务，而利用公众号推广的称为B2C，即商家与消费者之间的电子商务。

微商企业的典型代表——思埠集团

2015年5月，思埠集团将旗下品牌产品——黛莱美多重修护面膜和植美村防晒套盒的广告推上美国纽约时代广场纳斯达克大屏幕，这引起了国人的广泛关注。纳斯达克（NASDAQ）是世界最大的股票市场之一，是全球最吸金的广告地段，同日本东京银座、法国巴黎香榭丽舍大街、香港铜锣湾并称为世界四大黄金广告地段，再加上当时正值五一假期，很多游客拍摄了视频放到网络上，在美国的华人同胞们也表示很少看到中国品牌出现在纽约时代广场。

思埠在纳斯达克推送广告确实能够达到很好的宣传效果，而与此相对的是思埠在微信营销上所做的努力。估计很多人对思埠这个名字并不陌生，作为微商营销的成功代表，思埠集团几乎为所有立志做微商的人做了一个榜样。思埠集团的旗下品牌有植美村、天使之魅、黛莱美等，我身边就有许多朋友做过这些产品的代理。思埠的营销方式与无限极、完美、安利等有相似之处，它们都发展下线，让消费者变成营销人员，主动帮助企业卖东西。

作为中国微商行业的代表，思埠集团在营销方面可谓煞费苦心。从 2014 年 3 月成立，到 2015 年 7 月，思埠策划的事件和活动就有一百一十余次，邀请了李晨、林心如、秦岚等多位明星代言。此外，思埠还在全国多个地区成立了爱心义工团，用做慈善的方式推广企业。

然而并不是所有的人都有这样强大的财力，朋友圈中大多数微商仅仅是在帮别人做代理，他们大多不能选择产品的种类，只能是上家给什么，他们就卖什么，对于产品的质量也不能做出有效的保证，至于物流、维权等方面更是没有任何发言权。在微商模式下，朋友圈只是C2C阶段的一个方面，迟早面临洗牌。

大多数人对于营销没有一个充分的认识，他们所做的只是在朋友圈中不断地发广告，这反而会对自身的信誉造成影响，而且微信官方也在加大对恶意营销的处罚力度，所以微商们需要考虑的，是如何提高营销手段和服务质量，单纯地发广告是很难走下去的。《南方人物周刊》曾经给出一个颇有建树的建议："提供价值，而非吸引眼球，这是微信的态度，也是它能否成功的关键。"但是这并不代表微商会衰落下去，相反，未来零售行业将呈现电商、微商和传统零售三种形态，比例依次为3∶3∶4，没有任何一股势力能完全占主导地位，淘宝不可能完全颠覆传统零售，微商也不可能颠覆淘宝，三者一定是长期共存的关系。

微信营销的推广

从微信的特点看，它重新定义了品牌与用户之间的交流方式。如果将微博看作品牌的广播台，微信则为品牌开通了"电话式"服务，它的维系能力远远超过了微博。可是我们也经常听到有人说底层微商不赚钱，其实这是他们使用的方法不当造成的。做生意是一个联络人的技术活，简单地在朋友圈中推送广告，却不管营销的效果，当然不会赚钱。那么怎样才能做出灵活多变的微信营销呢？我们先来看一个2014年的微信营销经典案例：

微信营销之维多利亚的秘密

在2014年七夕之前，维秘上线了一款形式炫酷的轻应用——"极致性感"。首页内容是一幅经过雾化处理的照片，用户只需用手指摩擦屏幕，就会有一位性感女郎浮出水面，继续浏览下去则是品牌介绍，最后到达内衣抢购页面。最终该条信息在12小时内实现11万人转发，获得12万独立用户访问量。这种产品形态被称为"场景应用"，早在无数企业着手研发独立移动客户端的时候，场景应用就已经在行业内火爆起来。

从这个案例可以看出，微信营销不仅仅是推发广告那么简单，它有着多种营销方式：

1. 活动式微信——漂流瓶。微信官方可以对漂流瓶的参数进行更改，使得合作商家推广的活动在某一时间段内抛出大量的"漂流瓶"。如果营销得当，就可以产生很好的效果。

2. 互动式推送。通过一对一地推送，品牌可以与用户展开互动，提供更直接的体验。

3. 陪聊。微信开放平台上的会话功能为品牌与用户之间的交流提供了便利，但是陪聊有极强的针对性，需要陪聊人员对产品非常熟悉。

4. O2O 模式——二维码。有的商家将电子会员卡制成二维码，用户只需打开微信，扫描之后即可获得。企业可以设定自己品牌的二维码，用折扣和优惠来吸引用户关注，开拓 O2O 营销模式。

5. 第三方应用。应用开发者可通过微信开放接口接入第三方应用，或者将应用的 LOGO 放入微信附件栏中。

6. 地理位置推送。商家可以通过"查看附近的人"查找到周围的微信用户，然后将促销信息推送给他们，这样做的好处是能够吸引到周边群众。

以上是几种常见的微信营销方式，然而最重要的仍然是推送的内容。你推送的内容必须符合目标用户的口味，比如说目标受众是电子商务人士、设计师、移动互联网运营方面的专业人士等，我们就要根据这些用户的喜好做内容规划，你要尽量推出相关的专业知识，而不是心灵鸡汤、冷笑话、娱乐新闻等。除此之外，还要尽量保证这些内容是有用的，值得收藏的，而不是毫无意义、随处可见的。

做微信营销只是营销的一种手段，最终的目的是推广产品，让产品被更多的人知道，所以不要只盯着微信这一个平台。你在使用微信的同时，还可以在微博、博客、论坛等平台建立公众号，使用统一的名称，尽量扩大推广面。

三、二维码营销，简简单单的美丽

崛起中的二维码营销

21世纪是科技快速发展的时代，是移动互联网的时代，也是掌中新媒体的时代，同时又是个营销多元化的时代。在这样的坏境下，二维码凭借其独特的特点，成为最实用的商用载体，也成为企业热捧的营销手段。二维码营销在世界范围内蓬勃发展，涉及生活的方方面面。

二维码，英文名为 2-dimensional bar code，它看起来很复杂，其实就是将几何图形按一定规律在平面上展开的记录信息的方式。

它有一套独特的代码编制，巧妙地使用了构成计算机内部逻辑基础的"0"、"1"比特流的概念，二维码的图形和二进制相对应，这使得二维码能够用来表示文字或数字信息。

二维码营销能够轻松地将线上和线下结合在一起，用户在扫描二维码的时候，可以直接访问企业网站，获取相关产品的信息。一个小小的二维码就包含了产品的所有信息，而这一切只需一部能上网的手机即可完成。二维码的便捷使得它快速发展为最重要的营销工具之一，通过广泛散发二维码，企业可以快速获得关注度，提升品牌形象，带动客流量和销售量。只要运用得当，几乎百试百灵，所以二维码营销已经被许多企业成功运用。

《最美的》——街头创意二维码

2013年"十一"长假期间，一则"沈阳中街惊现巨型二维码"的话题出现在微博和微信中，迅速引起转发和讨论。原来有商家在大楼上挂了一幅巨型二维码，扫描之后，进入一个名为《最美的》的手机风尚杂志，其主要内容是以分享关于旅行、美食、热点话题等具有十足风尚感的文章，颇受用户欢迎。在人们的印象中，二维码从来都只是一个小小的正方形，这一次突然出现如此巨大的二维码，以至于人们走在街上，老远就能看见，完全颠覆了人们对二维码的认识，所以该活动取得了很好的效果。据了解，仅"十一"长假期间，已有近万名用户通过扫描二维码关注《最美的》杂志。

值得一提的还有二维码墓碑，之前有网友戏称，死后就在墓碑上刻个二维码，这样前来扫墓的人只需拿出手机，对着墓碑一扫，便可以对墓主人生前的信息有详细的了解。实际上这并不是不切实际的幻想，有些国家已经付诸行动了。二维码墓碑最早于2011年出现在英国多赛特郡，53岁的吉尔·图蒂特（Gill Tuttiett）的丈夫因病去世，她便采用这种方法来缅怀挚爱，让他们的故事永远印在那一方墓碑上。吊唁者只要扫描一下墓碑左下角的方块形二维码，便可以访问逝者的专属网页，浏览逝者的生平资料、照片、视频、悼词等。亲属还可以对网页内容进行更新维护，写上自己对他的怀念，等等。由于造价过于昂贵，而且这种方法颠覆了人们对扫墓的认识，一时之间还很难推广，但是随着科技的发展，二维码墓碑有可能成为生活中的一种常态。

像其他所有营销手段一样，二维码营销也有自己的弱点，有很多企业就对这种营销方式感到困扰：不同的产品需要不同的二维码，甚至于举办一场活动都需要再次设计，发布的多了难免会带来混乱，反而不利于宣传。

同日韩等国相比，我国对二维码的开发相对较为滞后，运营商的支持、技术、终端适配、盈利模式等制约了它的发展速度。但是二维码仍然在快速发展，目前炒得火热的是二维码与O2O（线上与线下)模式的结合,也就是利用二维码将线上的用户引流给线下的商家。腾讯公司就很看好这个模式,马化腾称"二维码是移动互联网的入口"。

可以肯定的是,随着国内移动互联网行业的快速发展,二维码将会得到更广泛地运用,也许在未来几年之内便可以实现真正的移动互联网购物。

让二维码更具创意

二维码被誉为"移动互联网的最后一段距离",在移动互联网时代必将发挥巨大的作用,然而我国的二维码营销的发展情况并没有达到预想中的效果,许多人感叹二维码的引流效果不好。其实这并不是说二维码的营销效果不好,而是他们在设计二维码的时候缺乏创意。使用任何一种营销工具都要有创新精神,二维码也不例外。

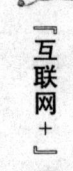

阳光下的二维码

Emart(中文名易买得)超市是韩国新世界集团旗下的大型超市,不仅在韩国拥有巨大的市场,也在中国市场上迅速扩张。他们发现,每天来到 Emart 购物的人非常多,但是在一天的正午时间里,超市内的客流量却低得出奇,因为在正午时分人们更愿意休息。

Emart 没有因此放弃，而是想出了一个好办法。

他们在超市门前安装了一个 shadowQRcode，并取名为 sunny-scale。shadow 是阴影的意思，而 sunny 则是阳光，这个二维码是经过特别设计的，只有在正午 12：00~13：00 期间，正午太阳直射地面时才能被读取，他们巧妙地利用了太阳和影子之间的物理原理增添了扫二维码的乐趣。当人们扫出二维码之后就可以跳转到超市的网站页面，可以获得八五折的优惠券，你可以选择在超市购物，也可以选择网购，然后等待配送人员送货上门即可。通过这种方法，Emart 超市的销量提高了两倍。

这个案例被人们津津乐道，它利用了人类的好奇心理，如果每天都有，就不会让人感到稀奇。但是，现在这个二维码并不是由人控制的，而是由天气控制，天气好的时候才会出现，下雨天或多云天气就没有了，遇到的人自然会感到幸运。通过这种方法，超市加强了与顾客的互动，让人们感到这是一件很有趣的事，进而吸引了人们的目光。

二维码也是需要改变的，合理的改变不但不会造成识别错误，还能为商家带来更多的客户。生活中最常见到的二维码是黑白格子，看起来毫无新意，这时的二维码就只是一种传播信息的工具，完全没有美感可言。二维码的主要使用者是年轻人，他们对新鲜事物有一种本能的追逐心理，所以二维码的外观值得一变！而且二维码具有较强的纠错能力，即使部分被覆盖或丢失，依旧能识别出完整的信息，这为创新提供了可能。

值得欣慰的是，目前市场上已经有人开始探索二维码的设计了，他们使用的方法各不相同，但是大致可以归纳为以下几种：

1. 加入色彩元素。人们已经厌倦了单调的黑白格，于是有人试着将色彩引入二维码中，依赖色彩配色，创造丰富的配色效果。在填充色彩的时候，可以使用单一的颜色，也可以使用多种色彩，甚至可以使用色彩渐变。色彩的选择有一定的讲究，最好结合企业的标志、产品的颜色或者活动的氛围，将丰富的色彩赋予二维码，不仅可以让品牌感顿时加强，同时也能吸引注意力。

2. 遮挡住二维码的局部。二维码有修复的功能，最高可以被遮挡30%，有的二维码生成器或者二维码生成网站，都有调节这个的功能，可以根据需要调节。一般越大越好，这样就能保证二维码在各种情况下都能被扫出来。你可以利用这一点，将公司的核心因素插入进去，营造出时尚的构图，比如有的设计师会在二维码的下方画上几个小人，或是一支铅笔之类的。

3. 替换二维码的中心。这一条也是利用了二维码的修复功能，不过和上面那条有所不同的是，应当选用最具有标志性的图像，例如企业的LOGO，用户的头像等。二维码是无法用肉眼识别的，但是看到二维码上企业的LOGO之后，人们便可以马上知道这个二维码和企业有关。

4. 环境嫁接。与外界元素巧妙融合。比如简单地结合，上下渐变融合。

5. 整体造型。把二维码进行重新整体构图，它可以表现为任何形象，比如一个人的身体、一个抽象的概念符号、一个动物表情等。

6. 再造主题。将二维码视为一个场景，如生活场景、游戏场景，增加更多新鲜的元素，组成一幅更具细细品味的画面。

7. 再造单位元件。二维码的识别能力非常强，它可以使用其他的元素组成，不一定要用黑白格。你可以用很多道具来组合成二维码。例如，愤怒的小鸟这款游戏的二维码就应用了游戏中的场景和角色，黑白格被换成了游戏中的一根根木头，在这些木头中藏着许多绿色的小猪，而画面左下方则是一个蓄势待发的弹弓，一只小鸟正准备出发。这些场景是游戏中的元素，应用在二维码上显得十分有趣。

二维码蓬勃发展的时代背景，是整个世界的互联网化，历史的趋势总是向前发展，二维码也同样是这样，在社会发展的大潮流中，只有抓住机遇，才能更好地迎接挑战。

四、E-mail 营销,快速实用的"伊妹儿"

近乎完美的网络营销方式

E-mail,就是电子邮件,E-mail 营销就是电子邮件营销。

我们是不是可以这么说一句:只要是有邮箱的人,就都收到过垃圾邮件?在信息时代,信息的推广就意味着金钱,同其他所有营销方式相比,电子邮件营销绝对是其中的佼佼者。

电子邮件营销是一种非常传统的营销模式,它包括许可式邮件和非许可式邮件。许可式邮件是获得了用户的许可才向用户发送广告邮件,有时甚至需要用户主动要求才能发送,最常见的方式是在网站上填写注册表格，订阅电子杂志。在这个过程中，网站必须非常清楚地说明白，填写这个表格就意味着用户主动要求收到该网站的广告邮件，并且同意该网站的使用条款和隐私权政策。而非许可式邮件也就是人们常说的垃圾邮件，指的就是用户没有主动要求寄发的邮件。我们要做的，是发送许可式邮件，垃圾邮件除了会让人感到厌恶以外，还能有什么效果呢？

电子邮件出现的时间很早，但是直到20世纪90年代中期互联网浏览器诞生之后，才被广泛运用，电子邮件营销也是在这之后才开始流行。有效的E-mail营销有三个基本因素：基于用户许可、通过电子邮件传递信息、信息对用户是有价值的。三个因素缺少一个，都不能称之为有效的E-mail营销。

尽管后来出现了博客营销、论坛营销、微博营销等种种营销方式，但是电子邮件营销仍然发挥着重要的作用，甚至造成了垃圾邮件横行的局面。这与电子邮件营销的特点有很大的关系。

电子邮件的成本很低，只要有邮件服务器，联系一个用户和联系一万个用户的成本几乎没有区别，但是要发送上百万封邮件就不一样了，那需要专用的服务器。电子邮件的内容也十分丰富，其他软件能够推送的内容，电子邮件几乎能够全部包括进来。你可以在电子邮件中写入文字信息，也可以添加照片和视频等附件。而且从收集相关邮件资料的角度讲，是非常简单的，复制粘贴即可。

在进行互联网营销时，有一个现象需要引起我们的注意。那就是用户浏览了你的网页，也得知了产品信息，但是他很有可能不太想买，于是关闭了网页，除非情况很特殊，比如你非常出名，或者是你的网页有很强的影响力，以至于互联网上到处都有你网站的链接，否则这个用户很有可能永远不会再打开你的网页了。在正常情况下，电子商务网站的转化率为 1%，也就是说剩下的那 99% 的人就只是来看了看，什么都没买，之后也不会再来买。如果这些人是你通过刷微博、写博客、加微信才邀请来的，就显得实在太浪费了，这时你需要从电子邮件的角度试试看。

只要电子邮件投放得足够精准，就能获得极高的客户转化率，这一点是其他营销方式都比不上的。据统计，85% 以上的网上零售商认为电子邮件营销最有效，其次才是搜索引擎营销。这种成本低、转化高的电子邮件营销方式成为最流行的营销方式。

但是电子邮件营销也有自己的劣势，用户在接收邮件时不可避免会有垃圾邮件，所以会造成一些来源不明的邮件被当成垃圾邮件，用户会忽视它，或者是永久删除。而且相对其他模式来说，电子邮件营销仍然需要花费一定的成本，个人一般很少使用这种方式。再加上其他营销模式的不断强大，用户对邮件的要求越来越高，迫使邮件发送者提升邮件的质量，这也给营销带来了困难。

就目前的形式来看，在将来的网络营销市场中，电子邮件营销虽然会遭遇阻碍，但是绝不会消失，而是会往移动电子邮件的市场上发展，就像微信营销抢占智能手机市场的情景一样。中国雅虎和网易的邮箱都推出了自己的无限量版。2007年中国移动也加入了邮件营销市场的争夺战，基于其运营商的优势，移动推出的邮箱不仅免费、无限量，还是移动的。相信随着4G的到来，手机上网速度的提升将有助于推动移动电子邮件营销的发展，用户在享受传统邮件功能的同时，也能体验移动邮箱的特色服务的乐趣。

怎样吸引读者打开E-mail

E-mail营销能够获取成功的基本条件，是基于电子邮箱的广大使用人群。据官方统计，截至2012年底，中国电子邮件用户就已经达到2.45亿户，并保持2.0%的年增长率，而美国已有75.8%的商家使用电子邮件推广自己的产品和服务。电子邮件营销能够刺激消费，使得那些没有明确需求的用户对产品产生兴趣，而且它的成本比搜索引擎和在线广告更低，投放目标更精准。

同其他营销方式相比，E-mail的客户转化率更高，但是推广速度很慢。一条好的微博可以在当天传遍互联网，获得无数人的关注，但是一封E-mail对应的只有一个用户，即便群发了十万封，也不过是十万个用户，这和微博动辄数十万条转发和评论相比，简直是不值一提。而且邮件在发送出去之后，用户必须点击一下才能查看，如果用户不喜欢你的邮件名称，他甚至会当作垃圾邮件直接删除。所以，电子邮件营销注定不能像微博和微信那样博取流量，必须提高每次发送的质量。

这里说的电子邮件营销，指的是许可式邮件，也就是说前提是让客户主动订阅。这是电子邮件营销过程中的第一步，也是极其重要的一步。如果用户没有注册邮件列表，你一系列操作后发送的邮件就只能算是垃圾邮件。可是在整个电子邮件营销的过程中，这一步是最难的，其他方面都可以通过学习掌握技巧，但是想要吸引用户的注意，让他们主动注册邮件列表，就需要充分发挥创意和技巧了。

大部分互联网用户对于注册账号存在心理抗拒，没人愿意留下自己的电子邮件和手机号码等个人信息，除非你给他们一个强而有力的理由。如果网页上只有简简单单的一句"欢迎订阅"，肯定收不到好的效果，但是你跟他说一句"现在订阅，即可领取豪华套餐"，就能够引起用户的兴趣，所以你要让用户能够立即得到一个额外的优惠，而不仅仅是网站本身含有的内容。

仔细研究各商家发送的电子邮件，你就会发现电子杂志本身不是重点，额外的礼物和优惠才是重点。他们会强调礼物和电子杂志本身是免费的，这就会让你产生一种错觉，认为这些礼物本身不是免费的，而是需要花钱购买的。比如有的商家就会在礼物下方贴出产品的定价。大多数商家都会采用这种方式，因为这种方式最有效，网络游戏也会采用类似的方法，他们会说"现在注册，马上领取价值300元大礼包"。

除了使用额外奖励之外，还需要注意几个细节。

首先，注册的表格应尽量简单。一般来说，只要让用户注册账号，提供姓名、电子邮箱即可，最好不要强制用户留下身份证号码、手机号码、家庭住址等个人信息，现在的用户越来越注重隐私，需要提交的信息越多，越容易引起他们的反感。

其次，在发送电子邮件的时候，不要使用纯文字，至少使用一张大图。图片比文字更直观，能够吸引用户的眼球，同时对用户产生某种价值暗示。写作文字时也要从用户的角度来考虑，用最简洁的文字展现可以给用户带来的好处。

最后，在用户提交注册表格之后，要提醒用户立即进入邮箱确认，完成注册账号的最后一步，同时领取奖励。如果没有及时提醒的话，用户可能会忘记这件事，再想起来就没有当初的兴趣了。

五、视频营销，画面语言强强结合

视频营销简介

相对于软文和图片来说，视频是一个连续的画面，所以视频营销的运用也十分广泛。它的表现形式类似于电视视频短片，它的平台既可以是电视，也可以是互联网。随着移动网络和智能手机的发展，视频营销也可以在移动平台上展开。这种营销形式十分灵活，感染力强，而且内容比单一的图片或软文更加丰富，但是由于技术原因，它的制作成本一般较高。

搅拌 iPhone 的 Blendtec

Blendtec 是一家美国公司，专门销售 Blender 搅拌机。刚开始推销搅拌机的时候，公司的规模并不大，无法在广告上投入大额资本。他们的产品质量还不错，但是他们的品牌知名度很低。即便有人听过他们的产品也不敢下订单，因为谁也不了解这个产品。这就像中国的一句老话"千里马常有，而伯乐不常有"，产品虽好，没人识货也不行。

当时 Blendtec 的 CEO 是 Tom Dickson，他拿着仅有的 50 美金预算，盘算着该如何制作广告。按照传统的营销方法来看，他是无论如何也做不到了，因为这笔钱实在太少了。左思右想之后，Tom 决定制作一个小视频，不加任何特技，用最朴实的方法把搅拌机的特色展现给观众。他想到了一个很好的点子来证明他的产品质量很好，那就是把各种各样的东西丢进搅拌机里，让观众看看搅拌机的效果。最令人吃惊的是，他居然把电子产品也丢了进去。苹果的系列产品几乎无一幸免，无论是 iPhone 还是 iPad 都进了 Tom 为它们选定的"坟墓"。在他的一个视频中，他把一部 iPhone4S 放进了搅拌机，一边还和 Siri（苹果的智能语音系统）调侃着，说什么"我最喜欢 Siri 了"，然后关上了盖子，接通电源，只见短短几十秒过后，手机被打成了粉末……

从那之后，Tom和工作人员又连续制作了近200个视频短片，然后Tom将这些视频放在了YouTube上，获得了超过两亿次的点击量，这还不包括其他渠道的观看数量。这一系列的视频营销也给该公司带来了丰厚的回报：每年500%～700%的订单增长、两亿的累计观看次数、网站流量增加650%、用户转换率提高70%，等等，在短短几年时间内，Blender搅拌机成了美国家喻户晓的品牌。

当然这些成就并不是完全由视频营销带来的，Blender搅拌机的质量也是成功的一个关键，但是不可否认的是，Tom的创意的确让公司获得了飞速发展。最令人佩服的是，即便是碎成粉末的iPhone残渣也被Tom放在ebay网上进行了公益拍卖，吸引了21万人浏览，并拍出800多美金的价格。

这个案例之所以能成为经典，是因为它完全发挥出了视频营销的威力，也体现出了视频营销的特征。

视频营销的优势在于它的传播速度很快，定位又十分精准，用户会对视频产生兴趣，关注视频，再由关注者变为传播分享者，而被传播对象势必是有着和他一样特征兴趣的人，这一系列的过程就是在目标消费者中精准筛选，然后传播开来。视频营销和软文营销、图片营销一样，都可以像病毒一样传播出去。网民看到一些经典的、有趣的、轻松的视频总是愿意主动去传播，通过受众主动自发地传播企业品牌信息，视频就会带着企业的信息像病毒一样在互联网上扩散。要实现这样的营销效果，其关键在于企业有好的、新闻价值高的视频内容，然后在各大网络平台上散布出去。

上面那个案例中，Tom也利用了有代表性的事件进行营销。事件一直是线下活动的热点，很多品牌都是依靠事件营销取得了成功的。其实策划有影响力的事件，编制一个有意思的故事，将这个事件拍摄成视频也是一种非常好的方式。比如说请科比做几下运球的动作，讲述一些他的自身经历，在这个过程中插入企业的价值观，这也是很常见的一种手法。因为有故事内容的视频更容易被网民传播，看故事总是比看广告更好。

最后需要注意的是，视频做出来之后，要从多个渠道发布出去，每一个用户的习惯都不一样，这使得单一的视频传播很难有好的效果。通过互联网上的视频营销，结合线下的活动、线下的媒体等一起宣传，效果将会更好。

几步做好网络视频营销

视频营销已经不是新鲜事了，优秀的视频创意也出现很多。目前视频营销主要有视频贴片广告、视频病毒营销、UGC（用户原创）和视频互动这几种模式。贴片广告是指在视频的片头或片尾插播广告，或者是用广告当背景，是最早的视频营销。UGC是指让用户主动创作视频，为企业做宣传。本节我们要讲的，是视频病毒营销，也就是让视频像病毒一样扩散开来。

百度"唐伯虎"：中国视频营销的先驱

视频网站出现的时间并不长，YouTube 是在 2005 年 2 月注册的，土豆是在 2005 年 4 月正式上线的，所以网络视频营销的诞生时间也不长。在中国，第一个做网络视频营销的案例已经很难查出来了，但是作为早期非常知名的视频营销案例，百度的"唐伯虎"视频宣传片无疑是非常成功的。这个视频的完成和开始传播的时间大致是在 2005 年的第三季度，此时 YouTube 也是成立一年不到，更遑论中文的视频网站。但这段视频流传得很广，当时主要的传播渠道是 BBS。

这段视频短片非常草根，完全不像是广告，主角看上去是一个周星驰版的唐伯虎，利用中国经典断句难题"我知道你不知道我知道你不知道我知道你不知道"，狠狠地嘲弄了那个只晓得"我知道"的老外，最后把老外的女朋友都勾走了，甚至连尼姑也动了凡心。最终老外吐血倒地，一行大字打出：百度，更懂中文！

对搜索引擎有所了解的人，都可以看出这段视频是针对 Google 的，当年 Google 还没有被禁，和百度共同占领着中文搜索引擎的天下。这个画面模糊、制作粗糙的短片，一般是难登大雅之堂的，不会有任何一家电视台愿意播放这样的广告,但是它的最终效果出乎所有人的意料。百度没有在媒介费上支出一分钱,没有发过一篇新闻稿,只是让一些百度员工给朋友发了电子邮件,然后在一些小网站挂出链接。一个月以后,这个视频在网络上获得超过十万次下载或观赏,至2005年底,已经有近2000万人观看并传播了此片。

视频病毒营销的传播依靠的是内容,只要内容够优秀,就算不去推广,它也能快速传播出去,并以病毒扩散的方式蔓延。例如2012年韩国歌手PSY在网络上发布了《江南style》的MV之后,迅速爆红网络,只用了半年时间,就获得了十亿次的点击量。而且这支MV还被人争相模仿,改编成各种各样的style。并不是所有的视频都能像《江南style》那样传播出去,因此必须保证视频的质量。制作视频的时候,要在创意、内容、受众等方面做足功课。

视频要有创意。和软文、图片相比,视频的制作更麻烦,但是视频的生命力更强。视频也是艺术的一种表现形式,而且网络普及以后,人们对视频的质量要求更高了,这也是为什么网络视频的数量那么多,真正成功的却很少。

在制作视频的时候,不能只盯着产品做广告,因为观众最讨厌广告。在优酷上观看一部两个小时的电影,可能要看两分钟的广告,相比之下广告的时间是很短,但是观众并不买账。有句话叫作"把广告做成内容,而不是把内容做成广告",说的就是这个意思。

树立正确的价值观。遵守国家的法律法规是前提条件，其次要给网友传递出"正能量"。相对于负能量来说，积极向上的思想更容易被人接受。哗众取宠的视频也有可能具有很好的传播效果，但是它本身不具有任何价值，无法让人产生最终的购买行为，还有可能会给企业形象带来负面影响。所以，你可以使用幽默、调侃的方式，但是不要做得消极、低俗。

确定时间长短。在网络时代，人们更习惯于"浏览"，他们很少能够专注地做一件事，就算是看电影也还有快进的习惯呢！所以，视频的时间最好不要太长，如果你确实有很多的内容需要表现出来，那么你就要具备将长故事分解为小视频的能力了。在国内的网站上，视频广告的长度一般为15秒，偶尔也有几个30秒的广告，很少有能够播放整整一分钟的。

六、娱乐营销，无娱乐不营销

娱乐营销的作用

娱乐营销是指借助娱乐的元素推广企业或产品，同时与客户建立情感上的联系，从而建立忠诚客户的营销方式。在中国市场上，娱乐营销总是能够获得非常好的效果，这一方面是因为娱乐在媒体宣传内容上占有很大的比例，娱乐能够吸引人们的眼球，扩大推广效果；另一方面，这也是娱乐营销的本质决定的，娱乐营销的本质是感性营销，它不会强硬地要求客户购买，而是让客户产生共鸣，从而主动购买。这种策略比较含蓄，更符合中国人的思维习惯。

我要我的滋味——伊利优酸乳的娱乐营销

在中国乳制品市场上，伊利和蒙牛是非常成功的，它们不但生产儿童和老人的奶粉，还专门针对年轻人推出了一系列奶制品饮料。2009年，伊利优酸乳为年轻时尚的消费者们量身定制了"我就是巨星"的活动，成功邀请到当时中国最有价值的歌手——周杰伦担任形象代言人，登录浙江卫视"我就是巨星"的舞台。这个活动是周杰伦首次参与内地娱乐节目，也是浙江卫视首次打破冠名电视娱乐节目的常规做法。伊利和浙江卫视在特别节目中植入了"我要的改变"、"我要我的滋味"等环节，表现伊利优酸乳"勇于改变"、"积极向上"的品牌主张，同时让品牌代言人周杰伦在幕前与年轻人群进行互动，进一步推广了伊利优酸乳的品牌主张，创造了收视与娱乐的双重价值。

这次活动得到海量曝光，根据腾讯网数据监测显示，活动开始后不到一个月，广告总曝光次数达到37.1亿次，网络点击222.6万次，网站页面总浏览32.8万次。活动覆盖全国多个地区，其中广东省、浙江省、江苏省、山东省、北京市用户参与度最高，在所有参与用户中占到23.17%，其中74%的参与用户为18~30岁之间的年轻人，完全符合产品定位。

凭借着娱乐营销，伊利优酸乳和浙江卫视收到了良好的营销效果。在整个活动中,"我就是巨星"节目收视率人气高涨,牢牢占据了同时段的收视宝座,也让"我就是巨星"登上了各大门户网站的娱乐头条,同时也让周杰伦的人气更加高涨。伊利优酸乳与消费者在品牌层面的情感沟通效果不俗。此次活动期间,销售终端的宣传、造势配合,让伊利优酸乳广为人知。有数据统计,活动启动一个月之后,伊利优酸乳的销量提升了17%。

娱乐营销的最大特点在于产品、媒体、消费者三位一体,为消费者群体提供了极大的互动空间,这也说明了随着新消费时代的到来,人们的消费行为发生了很大变化,从传统的注重产品的实用和价格,到从情景和情感出发,更加注重感官体验和心理认同。

美国零售业营销协会曾经做过一份调查报告,结果显示:如果能够提供更多的娱乐活动,超过70%的客户将会愿意改变购买地点。这一点被国内的营销机构所认可,许多知名营销顾问认为,娱乐营销更容易取得成功。

娱乐营销代表了国人消费观念的转变,他们在关注产品性价比的同时,也重视在使用产品的过程中获得的快乐体验。所以,当你的企业在制定营销策略的时候,不要忽视注入娱乐的元素,为你的客户提供更多的娱乐。

娱乐营销的核心和策略

中国的网络正在高速发展，中国的互联网用户远远超过其他国家，这使得企业开始注重网络推广。美国的娱乐经济大师迈克尔·沃尔夫曾经说："在这个快速消费的年代，消费者的喜好在不断改变，如何才能吸引消费者的注意呢？获得消费者的注意力以后，企业又该做些什么来提高产品的价值，使产品更具吸引力呢？答案只有八个字：'娱乐内容'或'娱乐要素'。"

蒙牛酸酸乳的娱乐营销——超级女声

超级女声曾经在国内掀起了一阵大众歌手选秀节目的热潮，打造出了一批炙手可热的新兴女歌手，其中有许多至今仍然活跃在音乐圈，有的甚至转战演艺圈，受到广泛欢迎，比如李宇春、周笔畅、张靓颖等。超级女声颠覆了许多传统的规则，它的主要关注者是年轻女性，而蒙牛酸酸乳也正是看中了这一点，才花费巨资选择赞助这一活动。从2005年开始，蒙牛借助参与超级女声这一活动强势拓展旗下蒙牛酸酸乳，一举取得市场成功。他们花巨资购买下冠名权，并推张含韵做代言人在电视台强势轰炸，还在其约20亿份产品外包装上发布"超女"比赛信息，甚至投入8000万人民币制作相关的灯箱、车身、媒体广告等，这一系列动作就是为了拓展蒙牛的酸奶市场。

除了赞助超级女声选秀活动以外，蒙牛集团还推出了多项活动，从多个方面巩固产品的知名度。比如他们曾举办了"超级女声"夏令营，还在"超级女声"即将谢幕时推出了同名电视剧。

从实际效果来看，随着超级女声活动的渐渐火热，蒙牛酸酸乳也被更多的年轻女性所接受，并呈现出不断上涨的趋势，其销售额、市场占有率也在不断提高。蒙牛集团表示：选择《超级女声》，使蒙牛酸酸乳的销售翻了三番，"加了两条生产线，但是产品仍然供不应求"。2005年上半年蒙牛纯利润高达2.47亿元，较去年同期的1.84亿元增长了33.9%。

娱乐的核心是快乐、轻松，而娱乐营销的核心是节目传达出来的价值观，这一点必须和企业及产品保持一致。在娱乐的过程中，人们可以参与进朋友和网友之间的互动，获得自我的认同感。比如说在关注快乐女声的过程中，你收获的不仅是快乐，还有感动。虽然你没有上台演出，没有经历过选手们刻苦训练的过程，但是在观看电视节目的过程中，你也会为参选结果感到紧张和不安。

娱乐营销的策略可以归纳为五点，分别是定位策略、拓展策略、重复策略、升级策略和重塑策略。

1. 定位策略。定位策略是指在产品生产之前，企业要明确购买产品的群体，并对他们的消费心理和行为习惯做出分析，然后利用产品的娱乐营销给用户带来快乐的体验。比如以生产"芭比娃娃"出名的马特尔公司，他们并没有固定思维模式，而是根据小女孩喜欢主动匹配的习惯，为客户提供可以任意选择的芭比娃娃的肤色、发型、服饰等，最终获得极大的成功。

2. 拓展策略。在一项产品获得成功之后，可以继续开发与之相关的产品，给客户创造更多的机会，让他们能够继续享受你所提供的感情上的联系。这一点在电影产业上体现得十分明显，比如美国电视台HBO根据全球热播的《权力的游戏》推出的延伸产品——铁王座，一个铁王座的价格为三万美元，购买时买家还需支付1800美元的运输费。尽管价格高得离谱，但是道具推出之后，立即售卖一空。

3. 重复策略。使用这一策略的代表是《同一首歌》，这个节目在不同的城市举办，创造着观众和演员都想重复的体验，让人们能够体验当年的情怀。

4. 升级策略。产品都会更新换代，每一次的更新都会给人们带来不同的感受，苹果手机正是凭借着这一策略获得了一次又一次的成功。

5. 更新策略。如果你与客户在感情上建立了联系，他们也将期待体验再次更新。保持神秘感，不断创新是持续成功的关键。

七、事件营销，小事件中的大效应

事件营销的特征

事件营销是最近几年逐渐受到重视的，在英文里被称为 Event Marketing，也可以叫作活动营销。好的事件营销对于企业形象和品牌知名度的提升效果是惊人的，甚至是无法预估的，而且成本较低，见效很快。事件营销的主体是人，因为事件离不开人。

盘点 2015 年热门事件

每一年都会产生许多热门事件，2015 年虽然才过去一半，但也已经产生了很多热门事件，比如辞职信、反手摸肚脐、苹果表、du-ang等，这些无一不是人们在茶余饭后谈论的话题。其中反手摸肚脐策划得十分精妙，影响十分广泛。

反手摸肚脐利用的是人们的爱美心理，能不能够反手成功摸到肚脐几乎成了身材是否很好的标准。短短几天时间，和"反手摸肚脐"有关的话题阅读量已经达到数亿，很多人都在尝试，连专家也加入到队伍中，甚至连外国人都开始尝试。这个活动为什么会如此火，仅仅是因为大家觉得有趣吗，当然不是，其实，这一活动是一个经过精心策划并且异常成功的营销活动。最早发起这个话题的主持人为微博账号"@新浪广西"，她是某微商企业的内部员工，专门销售健康修身饮品，而她发布的消息则是："××集团这个员工的炫腹的照片突然爆红，全民炫腹时代已经到来，反手摸到肚脐才是真的瘦！温馨提示：您算算您距离肚脐眼还需要多少盒××饮料？反正我摸得到，你试了么？"

在这场活动进行得如火如荼的时候，许多明星参与其中，一大批品牌也乘机借势营销，如乐居生活："向反手摸不到肚脐眼儿的你们致歉，因为我送得快，所以你吃得好"；大众点评网："向反手摸不到肚脐的你们致歉，十二年来，我们推荐了太多美食"，此外，百草味、ZAKER、阿里妈妈、新浪微博等都推出了类似的海报和文案。

根据以上几个事件的前后经过，我们可以总结出事件营销的大致特征。

1. 要有事件引爆点。好的事件必须具有引爆点，也就是说必须具备新闻价值，能够吸引人们的眼球，这类事件有娱乐新闻、公益事件、社会焦点、社会或公司危机等。

娱乐圈是最擅长事件营销的地方，甚至可以说，有娱乐圈的地方，必定会有事件营销。我们经常能够看到新闻中出现的男女明星的绯闻、主演之间的矛盾等，甚至还有明星和普通人进行骂战的场景，其实这些都是他们推广自己的方式。

2. 必须具备有价值的传播渠道。事件营销需要传播，对传播渠道的要求很高，如果不能吸引到主流媒体的关注，事件就会很快被人遗忘。而报纸、电视之类的主流媒体也很乐于报道具有新闻价值的消息，所以企业和媒体之间是相互合作的关系。如果分析那些成功的营销事件，我们就会发现，那些成功事件，很少是真正自然的事件，大多数都是在精心策划之下而实现的。

3. 受众的参与度较高。在互联网推广之前，事件营销只能在线下进行，观众只能被动接受来自报纸、电视的新闻，因此和事件本身之间的互动非常少。但是互联网普及以后，事件营销有了更好的传播平台——网络，和观众的互动也变得更加充分，就像湖南卫视曾经举办的超级女声，让观众参与到评选中来，所以整个事件一直都在保持一定的热度。当然，很多成功的网络营销事件，都有背后推手在各大论坛不断引发话题，推动用户发帖、转帖，炒热整个事件。

4. 巧妙联系事件。事件营销成功的关键在于一个"巧"字，要把事件和营销目标巧妙结合在一起。蒙牛曾经巧妙地利用了"神五"上天的事件进行营销，王老吉也曾利用地震捐款策划了一次事件营销，它们都取得了非常好的效果。

5. 始终保持事件热度。好的事件营销并不是一蹴而就的，它需要网民不断地追捧。

但是事件营销终究只是一种工具，而且持续时间比较短，所以在这个阶段里，必须要考虑如何利用事件营销，将企业形象或者产品的品牌推广出去，否则就没有任何意义了。

事件营销运作的策略

事件营销的传播是以互联网的普及为基础的，视频、博客、论坛、微博、微信等都可以成为事件营销的工具，目前这些也是电商网站最喜欢的营销工具。那么，事件营销的工作流程是怎样的呢？下文将主要探讨这一话题，这些方法比较简单，新手可以以此作为参考。

1. 建立账号，这是事件营销的第一步，也是首要条件。为什么呢？原因很简单，上面也说了，事件营销以互联网为传播载体，需要网络平台的支撑，视频、博客、微博等社交软件都可以成为营销的工具。所以在实施事件营销之前，我们需要准备大量的社交软件的账号。为了提升影响力，最好在各大平台上同时发布信息。

2. 策划事件，这是事件营销的核心工作内容。在准备账号的过程中，营销人员开始策划事件，同时写好推广文案。在策划事件的过程中，要注意事件的影响力，也就是事件的新闻价值，没有新闻价值的事件是无法广泛传播下去的，当然也不会有好的效果。

3. 将文案发布到社交平台上。当事件策划好之后，就可以将事先写好的文案发布到网络上，最好做到图文并茂，或是插入视频，总之要扩大内容的表现形式，让内容显得更可信。另外，在不同的社交平台上发布内容，要保留一定的时间差，如果让人看出所有文章的发布时间都是一样的，就很容易引起怀疑。

4. 自我炒作，这一步的作用就相当于点燃引线。用事先准备好的马甲，把发布的那篇帖子炒热，这个方法是最好的。等到信息传播开以后，就会有更多的人主动传播下去。如果没有做这一步，帖子很有可能会石沉大海。

5. 吸引主流媒体的注意力，这是事件传播非常关键的一步。如果前面几步做得比较顺利，事件获得了很大的关注度，就会有媒体主动关注并予以报道。如果媒体对此并不感兴趣，你也可以主动去找媒体。这一步之所以那么重要，是因为主流媒体的传播能力是最大的，它们可以让信息被各个层次的人知道，而不仅仅是使用网络的人。

上述内容是事件营销的基本步骤，也是成本最低、见效最快的一种方法。事实上，事件营销是一种很好的宣传工具，任何企业都可以使用，只要能够找到或创造具备新闻价值的事件，并做好媒体宣传，就完全可以用最低的成本，在最短的时间内把产品、品牌、企业、网站等炒作宣传出去。当然了，事件营销也有必须注意的操作要点。

事件营销的首要条件，是符合法律法规，不要做恶性竞争，不要发布违背法律、影响治安的内容。做营销的根本目的是卖东西赚钱，但是不能损害别人的利益，更不能把自己搭进去了。

事件要精心安排，不要盲目去做。成功的事件营销必须要经过精密的安排，而不是盲目跟风学来的，适合别人的方法，不一定适合你，不能看到某个方法火了就盲目地去用，要结合自己的情况，制订具体的计划。如果策划得不够成熟，就很容易在事件营销的五个步骤中的某一阶段匆匆结束，或者事件成功推广之后，产品的品牌却没有人知道，这就是事件和营销之间出现了断裂。

建立事件与品牌之间的联系。事件营销无论怎样策划，都要和品牌有关联，最终对品牌起到宣传的作用。

在实施事件营销的过程中，不一定都是顺顺利利的，有的时候民众可能会对事件产生不一样的想法，他们关注的重点也许和你想象的不一样，或者关注的热情总是断断续续的。所以，想要做好事件营销，必须坚持不懈，不能被一时的失利打败了。

八、线下营销，让营销无所不在

线上营销对线下营销的冲击

虽然本书的主要内容是网络营销，也就是线上营销，但是我认为仍然有必要对线下营销，也就是传统的营销模式稍加介绍，毕竟相对于线下营销来说，线上营销仍然属于新兴事物。老百姓获取商品信息的主要渠道仍然是电视、电台、报刊、杂志、传单广告等传统媒体，网络营销发展得很快，但是并没有发展到能够取代线下营销的地步，什么时候能够达到那样的地步还很难说，至少短期内不可能做到。

想要弄懂线下营销和线上营销之间的关系，就要对二者的营销方法有所了解。实现线上营销的职能需要通过一种或多种线上营销手段，常用方法除了在搜索引擎上注册排名之外，还有关键词搜索、网络广告、交换链接、信息发布、整合营销、邮件列表、许可式E-mail营销、个性化营销、会员制营销、病毒性营销，等等。而线下营销服务主要采用店面管理、促销活动、终端销售团队管理、活动公关、会议会展、促销品营销等手段，为客户提供"一对一"的宣传服务。你可以按照字面意思简单地理解为，线上营销就是在网络上所做的营销活动，而线下营销是除了网络营销以外的其他所有营销方式。

线上营销更加方便，但是线下营销更直观，各有各的优势。但是从目前的情况来看，线上营销对线下营销产生了很大的冲击，其根源主要在于线上、线下的客户群体重合，以及互联网的特性。

线下营销能卖的东西，大多也能在线上实现销售。这是二者之间形成冲突的根本原因，说得通俗点，就是抢生意的来了。除非线上和线下卖的东西完全不一样，否则这种冲突肯定会一直延续下去。

线上和线下营销的价格差异，是导致线下营销受阻的直接原因。通过网络渠道销售的商品不需要支付高昂的店面费，物流费、人工费和仓储费也比实体店更少，所以同样的产品，线上营销能够以更低的价格卖出去。

正是因为互联网对实体店带来的冲击,所以很多人对线上营销充满了敌意,直至喊出"淘宝不死,中国不富"的口号来。但是面对实际存在的问题,逃避是没有用的,倒不如勇敢面对,掌握这两种营销方式以为己用。

线上、线下结合营销

社会发展到今天,网络营销早已成为不可阻挡的趋势,然而线下营销仍然存在许多独特的优点,是网络营销无法做到的。比如品牌意识,大多数人更相信他们在实体店里看到的产品,因为实体产品更直观,在购买之前你就可以对质量有了直观的感受了。所以,线上营销和线下营销必须结合起来,发挥它们的长处。

Marc Jacobs,让雏菊尽情绽放

Marc Jacobs,中文名马克·雅可布,毕业于帕森斯设计学院,是美国的知名服装设计师。他的设计作品在时装界受到广泛赞誉,其前卫的营销理念也超乎常人,所以他被LV、Chanel等国际知名品牌邀请出任设计总监。在Marc看来,实体店是网络营销的根本,而网络营销则可以成为实体店的营销载体,二者原本就应该结合起来。

2014年春天的时候,纽约时装周再次启动,趁着这个机会,

Marc 也重新整合了线上和线下的资源，他的目的十分明确，就是要引领消费者实现网络媒体和现实生活的完美结合。2月7日至2月9日，Marc Jacobs 雏菊香水快闪店在纽约曼哈顿区悄然开放。如果你是拒绝使用社交媒体的土豪，不好意思，在这家店内你将一无所获。快闪店内通行的是"社交货币"，这并不是用钱能买到的，而是需要顾客在 Twitter、Instagram 或 Facebook 上发布带有一条 #MJDaisyChain 话题标签的信息，然后才能在快闪店内得到优雅俏皮的雏菊礼品。赠送的商品从香水到项链一应俱全，如果 PO 上 Instagram 的照片被评为当日最佳照片，还可以拿到免费的 Marc Jacobs 手袋！

在国内，线上和线下结合运用最广泛的使用者是一些大中型企业，比如手机厂商、电脑厂家以及一些大中型网站等。这些企业资金雄厚，消息灵通，对新兴事物更加了解，所以它们最有条件实现线上和线下相结合的营销方式。比如说百事可乐在中国做一份推广活动，买一瓶可乐可能会"再来一瓶"，或者是得到某些网站的兑换券，那么百事可乐公司可以在网络、电视等媒体上率先发布消息，推广这一活动。消费者虽然是从线上得到的消息，但是他们很少会用网购的方式购买可乐，因为百事可乐到处都有。

相对来说，小企业想要做好线上、线下的结合比较困难，这是由资金和公司实力决定的，但也并非不可能，小企业无法像大企业那样做广告，但是两者之间需要遵循的规则是一样的。

线上、线下结合营销，需要企业设计一个简短、易记的网络域名。无论是电视广告还是报纸杂志的广告，或者其他种类的宣传媒体，都要求企业的名称容易被记住。如果在线上宣传，就必须设计一个简短的域名，这样大家才能记住，而且域名要和公司或产品的名字保持一致，比如 Google earth。

利用线上媒体宣传线下的产品时，要突出公司的名称、产品的名称，以及公司的理念或口号，例如匹克，I can play！这么做的目的和第一条是一样的，都是为了宣传企业和产品。用户听到促销的消息后，如果要在网络上搜索，大多数会直接搜索企业或产品的名字。这一点在现代的广告设计中比较容易做到，即便不做线上营销，这一点也是必须做到的。

线上和线下的新闻或促销信息应保持高度统一，这是为了保证线上和线下活动的同步性，试想一下，如果用户在看到促销活动后，打开搜索引擎，想要进一步了解一下，于是输入关键词，结果找了半天也没找到，那会让人感到多么尴尬啊！

做好企业、产品、活动名称的搜索引擎优化。线下广告突出了企业名称、产品名称或活动名称，用户看到之后有可能会到网上查看，如果企业的官方网站在搜索引擎中没有很好的排名，那该是多么的浪费！所以，在做好线下推销的同时，也要做好线上的排名，否则无法达到最佳效果。

综上所述，线上营销和线下营销虽然有冲突的地方，但是合理利用之后，便可以获得"1+1＞2"的效果。两者都只是一种营销工具，它们的目的都是为了促进销售，所以没有必要对其中一种方式过于反感，也没有必要看不起使用不同营销方法的人。

九、经典案例再现

事件营销：蒙牛搭上"神五"飞天

蒙牛集团是中国乳制品行业的龙头企业，这个公司在 1999 年才成立，但是到了 2005 年的时候就已经成了中国乳制品行业营销额第二大的公司，第一名是伊利，但是伊利成立的时间比蒙牛早得多。为什么蒙牛的发展速度会这么快呢？这和蒙牛公司积极的营销策略有关。

蒙牛十分看重营销的作用，最令人印象深刻的当属 2003 年的借势营销。2003 年是很多中国人毕生难忘的一年，因为就在这一年，

"神舟5号"载人航天飞船实现了成功发射与回收。"神五"实现了中国人的"飞天梦想",成为中华民族伟大复兴的重要象征。这件事对中国的影响是十分深远的,在当年点燃了国人的自豪感,当之无愧地成为2013年中国第一件大事。当然,很多企业都不会放过这个千载难逢的时机,全力以赴打造品牌。但是各企业之间在"神五飞天"事件营销上有很大差距,赞助"神五"的企业很多,能够让人记得十分清楚的却只有蒙牛。根据央视市场研究公司品牌成长检测系统2004年2月份的统计数据显示,蒙牛品牌在乳业品牌的各项指标评估中都排在第一位,抓住"神舟五号"上天的契机,蒙牛成功地进行了一次借势飞升的营销战。那么蒙牛借势"神五"一飞冲天的秘诀何在呢?

找好借势营销的基点:国人的飞天情结。中国人对月亮有一种解不开的情结,从嫦娥奔月的神话故事到苏东坡的"明月几时有,把酒问青天",月亮成了国人的一种精神象征,而飞天也成了国人的一种梦想。这种情结可以从"嫦娥三号"、"玉兔号月球车"等名称中看出来,可以说登月、飞天等事件就是中国人的圆梦之旅。要想和这些事件结合起来进行营销,企业必须整合本身的资源,通过具有吸引力和创意性的活动或事件,使之成为大众关心的话题、议题,因而吸引媒体的报道与消费者的参与,进而达到提升企业形象,以及销售商品的目的。

从营销的角度来看,"神五"是中国最大的"光环品牌"。对蒙牛来说,结盟中国载人航天事业,是搭上了"神舟五号"的顺风车。蒙牛当时的口号是"中国航天员专用牛奶",也许根本就没有航天员喝蒙牛的牛奶,但是这句口号仍然具有很强的怂恿作用,毕竟也没人能证明航天员没喝蒙牛牛奶。这句口号的作用,是让消费者看到蒙牛之后就想起"神五",想起国人的飞天情结,产生自豪感。

不同于其他企业,蒙牛在"神五"发射的过程中一直保持着密集的参与度,"蒙牛"始终和"神舟五号"捆绑在一起。等到现场直播一宣布"神五"成功着陆,全国各地的有关广告商才开始启动声势浩大的广告战,但这时借势营销的主节奏已经掌握在了蒙牛的手里。10月16日6时"神五"成功落地时,蒙牛就准确把握住了信息发送的节奏。蒙牛关于此次事件的电视广告、户外广告、网络广告在第一时间在各大城市实现"成功对接",9点蒙牛启动了中央电视台的广告,到中午12点以前,之前规划的所有的电视广告、路牌广告等全部出现在公众的眼前。蒙牛的公益广告"举起你的右手为中国喝彩"也得到了人们的响应,这句极富煽动力的口号几乎一夜间占领了北京、上海、广州等各大城市的路牌。经过这一系列的动作,蒙牛成功抢占所有和"神五"有关的新闻广告。

与此同时,蒙牛也积极推出新产品,印有"中国航天员专用牛奶"标志的蒙牛牛奶出现在全国各大超市、卖场中,而配合宣传的工具则是身穿宇航服的人物模型和其他各种醒目的航天宣传标志，众多航天元素的加入，让人们对"航天员专用牛奶"产生了浓厚兴趣。

营销的最终目的是提升销售业绩，但是在实际操作过程中也要讲究方法，小企业卖东西，大企业卖理念。借助"神舟五号"飞天这个特征鲜明、极具新闻价值的事件，蒙牛在全国目光紧盯着航天过程的时候，抱紧"神五"飞天的"大腿"，成功地将国人的航天情结和蒙牛精神结合在一起，提升了品牌价值。

论坛营销："封杀"王老吉

互联网营销并不是一件新奇的东西，它在很久之前就已经出现了，而且每年都会出现一批经典的案例，最难得的是没有一个案例重复，年年更新。经典的营销案例很多，这一节我们着重讲一下论坛营销的代表——王老吉的营销策略。

2008年5月12日，中国四川省汶川发生强烈地震，给当地人民带来重大损失，一时之间成为中国最重大的新闻，全国人民的目光都紧紧盯在有关震区的报道中。5月18日，央视主持了赈灾晚会，就在当晚，生产王老吉的加多宝公司捐款一亿元，引发了人们的关注。5月19日，网上的很多论坛和大量网民对赈灾晚会上的捐款活动进行了热议，根据相关调查显示，不过短短几个小时，百度贴吧上就出现了十余万帖子，可见其造成的轰动效应。而这时，王老吉已经成功吸引到了人们的注意力，于是正式开始了营销战。

5月20日，一篇名为"封杀王老吉"的帖子出现在天涯论坛里，随后被迅速传播到网上的各个角落，获得了惊人的点击量和回帖量。看到帖子的标题的时候，人们的第一反应是纳闷，为什么要封杀王老吉呢？他们不是刚刚捐了一个亿吗？等到点开帖子一看：

千万不能让王老吉的红罐凉茶出现在超市的货架上，我们见一罐买一罐，坚决买空王老吉的凉茶。要让王老吉的凉茶卖到断货，让他们着急去吧！

之后，论坛里又出现了诸如"要捐就捐一个亿，要喝就喝王老吉"之类的口号。相信看到这里，很多人就该明白了，这是一起营销事件而已，搞了半天，所谓的"封杀"是让大家买光王老吉凉茶。但是事情到这里还远远没有结束，这只是厂家点燃了引爆点而已，后面仍然需要让事件继续炒作。果然，很快又传来了王老吉已经卖断货这样的消息，更加引起网友们的火爆议论。

"封杀王老吉"事件毫无疑问地成为2008年上半年度最典型、最成功的网络营销案例。究其原因，有以下几个方面值得借鉴：

标题有创意。"封杀王老吉"本来是负面信息，很容易吸引人们的注意力，等到点开链接之后才发现是"标题党"，可以说这篇帖子成功的关键就在于这个标题。

公益和营销的结合。此次事件成功的另一个关键是王老吉在中央电视台大型募捐活动中的突出表现,捐款一亿元只能让人对王老吉产生好感,而"封杀王老吉"则将这种好感转化为行动。

对比引争议。帖子中直接将王老吉与王石进行对比,利用了人们热衷比较企业的捐款数额,惹起争议,突出自身,在加速话题扩散的同时,又争取到网民对自己的支持,提高事件的网络口碑指数。

论坛营销的一个重要特征是网络推手的推动和引导,病毒之所以能够扩散,除了病毒源"优质"之外,初期的推动也很重要。一个帖子能够有如此大范围的影响,背后网络推手对于这个帖子的初期转载和回复引导至关重要。BBS营销在这个事件中显得尤为成功。首发天涯等大论坛,然后迅速地转载各个小论坛,之后,就可以依靠病毒自身的传播惯性去进行扩散了。

纵观整个事件,我们可以看到网友的心智是十分单纯的,这并不是在贬低网友,而是说只要掌握了人们的消费心理,就可以做好网络营销。最活跃的网民是年轻人,他们的心智并没有完全成熟,很容易被煽动,所以这篇帖子的传播速度才会那么快。而这篇帖子出现的时机也是十分关键的,要是放在平时,我们看到这篇帖子可能骂一句"商业帖",或者说"小编没脑子"、"文不对题"之类的,但是放在大灾难过后,放在赈灾捐款活动过后,反而获得了舆论的支持，成为人人赞誉的好文章。

这次事件的营销威力是毫无疑问的，在此之前，人们对王老吉并不熟悉，最多只是听过这个名字而已，了解得深入点的可能知道它是一款凉茶，但是自从这篇帖子蹿红网络之后，王老吉在很短的时间内就成了家喻户晓的品牌。

娱乐营销："星你"还带来了什么

《来自星星的你》是一部十分火热的韩剧，作为"韩流"，它的影响力恐怕连西伯利亚的寒流也无法与之比拟。它甚至带来了关于用户层次的讨论，有的学者认为，韩剧之所以会这么火爆，是因为部分韩剧剧情的逻辑比较简单，观看时不需要费脑子，可以单纯地"感情发泄"，所以这也决定了许多男性朋友不喜欢看韩剧。但是这部剧能够吸引很多人的注意力，这就决定了它在电视剧之外，还能带来许多营销上的契机。

"炸鸡与啤酒"

剧中有一句台词堪称经典广告语——"下初雪就应该吃炸鸡配啤酒"，这不禁让人想起德芙巧克力的"下雨天，巧克力和音乐更配"。最简单的话语最具有煽动力，即便它没有什么逻辑，有谁能说出为什么下初雪要吃炸鸡、喝啤酒呢？这句话本身就没有道理，它也不需要道理，但是它就能够让人记住这句话。

台湾的一家杂志称，就是这句话让餐厅的相同套餐热卖，冷冻鸡翅受惠，使得受 H7N9 受创的家禽业挽回部分市场。当时，杭州的一家日本连锁餐厅就利用了这个噱头，在情人节期间推出"炸鸡啤酒套餐"，结果一个晚上就卖出去上千套。而在此期间正值 H7N9 禽流感肆虐，家禽业遭遇寒冬，许多企业在春节之前大幅减少备货，没想到突然遇到激增的订单，纷纷感到十分意外。

Line 进驻中国

Line 是一款通讯软件，由韩国互联网集团 NHN 的日本子公司 NHN Japan 推出。在剧中男女主角每一次远程对话都会使用 Line，还给了 Line 的对话框出境的机会。在第 15 集中甚至还有"Line 中国"的字样。这吸引了很多中国人开始使用 Line，而"千颂伊"的贴图表情也开始热卖。

其实 Line 早在 2012 年 2 月就已进驻台湾，并邀请桂纶镁担任形象代言人，2012 年底进入大陆市场。Line 在台湾地区和日本比较流行，但是在中国大陆市场上没有得到推广。

相关产品的流行

剧中出现多款服饰和包包，外形十分抢眼，但是在国内并不多见，有很多是限量版或合作款，于是广大剧迷们盯上了代购。微信圈中也有很多人在卖高仿的同款包包、鞋子、服装。淘宝上一些商家还号称提供剧中饰品的"定制款",根据实物一比一制成的。在淘宝输入关键词"来自星星的你",出现7.08万件宝贝。

《爱德华的奇妙之旅》

这本书是美国作家凯特·迪卡米洛写的儿童小说,曾获得"波士顿全球号角书金奖"。在此之前,我并不知道世界上有这样一本有趣的书,可是有一天一个从来不看书的朋友竟然向我推荐这本书。我当时感到很纳闷,就问她:"你不是从不看书的吗?"她不好意思地笑了笑说:"这本书是都教授的枕边书。"

原来都教授还有这样的"超能力"!因为看了《来自星星的你》而喜欢这本书的人远远不止我朋友一个,在国内出版中文版的新蕾出版社说,受到韩剧1月热播,这本书确实受到粉丝追捧,目前已紧急加印,除平装版外,还会再版精装版。

韩星进入中国

与花钱大方的韩流粉丝们不同,韩国明星的片酬比较低,和国内相同级别的明星相比,可以称得上"人美价廉"了。随着《继承者们》、《来自星星的你》等一批韩剧在中国的热播,金秀贤、李敏镐、全智贤等韩星也纷纷进驻中国,成为中国影视公司的争抢对象。他们在中国的电影、电视剧产量也很高。这一方面是因为中国演员的片酬比韩星更高,另一方面也和韩国电影市场的低迷有关。2014年的韩国电影市场并不乐观,虽然《鸣梁海战》、《亲爱的,不要跨过那条江》等少数几部影片票房不俗，但是总观影人次却出现回落。

张太侑在拍摄《来自星星的你》的时候，肯定没有想到这部电视剧的火热能够带来这么多的连锁反应，就像没有人会想到"神五"飞天火了蒙牛、"汶川地震"火了王老吉一样。但是这也体现出了营销的特点，只要能够吸引人们的注意力，提高产品的销售业绩，商家是不会放过任何一个机会的。

病毒营销：ALS 冰桶挑战接力赛

ALS（Ice Bucket Challenge）简称冰桶挑战（ALS 肌萎缩侧索硬化症，又称渐冻人症），这个活动是 2014 年由美国的职业棒球运动员 Pete Frates 发起的，旨在唤起人们对 ALS 患者的关注。这个事件是典型的病毒式营销，由一人发起，指定三个人接受挑战，被指定的人要么接受挑战，要么捐款 100 美元，或者两者都做，而接受挑战的人又可以指定他人，就这样活动人数呈现几何倍增的态势。它是一场公益营销，证明了社交媒体的营销能力。

这个活动的传播速度十分惊人，仅在美国就有 170 万人参加，250 万捐款，而且它还随着社交网络传播到了世界各地，也来到了中国，成了一项全球性的活动。但是不同于一般的网络营销，冰桶挑战的宗旨是为了促进社会公益事业，不排除有人造假、作秀的可能，但是活动的主旨得到了体现。根据 Facebook 的统计，在 6 月 1 日到 8 月 17 日，超过 2800 万人参加了关于冰桶挑战赛的话题交流，包括发帖、评论和对挑战赛帖子点赞，人们还在该社交网络上分享了 240 万个与冰桶挑战赛有关的视频。

这个活动是异常成功的，它吸引了全球人的目光，简直是前所未有的社交风暴，对于那些试图破解活动成功秘诀的营销人员来说，他们可以从中学习到几个十分重要的经验。

1. 选择适当的时机。这次活动挑选的时机完全合适，从 6 月开始，在 8 月达到顶峰。从天气来说，这时正是炎热的夏天，来一桶冰水从头淋下，简直畅快淋漓。如果在冬天发起这项挑战，还会有这么多人参加吗？肯定没有，没人想得肺炎。此外，这段时间正值中东战乱不休，而美国的密苏里州弗格森小镇也出现了骚乱，黑人和白人的种族问题又出现在人们的面前，甚至有愈演愈烈的趋势，而冰桶挑战形成的鲜明对比让人感觉不错。

2. 深入个人层面。从头顶浇下冰水本来并不是为了宣传 ALS，也不是为了唤起人们对慈善事业的认识，但是患有 ALS 的皮特·弗拉特斯（Pete Frates）让这项活动更加深入个人层面，他发动了自己的朋友和家人，利用社交网络来宣传这种疾病。

3. 吸引名人的参与。这项活动吸引到了许多名人，一开始只有几位本地名人和体育明星参加，但是这个活动可以指定别人接受挑战，所以越传越广，参与的名人也越来越多，比如微软创始人比尔·盖茨、谷歌创始人拉里·佩奇、苹果 CEO 蒂姆·库克、C. 罗纳尔多、科比、Justin Bieber 等。甚至美国总统奥巴马也被点名，不过他选择捐了 100 美元，没有接受冰桶挑战。这些名人的参与是对活动最有力的宣传。

4. 简单明了。这是一条最基本的设计原则，简单的设计往往有更好的效果。冰桶挑战的规则很简单：要么接受挑战，要么捐钱，当然你也可以淋了冰水之后再捐钱。挑战者可以点名下一个接受挑战的人。简单的规则有利于活动的推广，也更容易操作。

5. 品牌荣誉。整个活动的过程中，"ALS 冰桶挑战"就像是这个活动的品牌一样，受到人们的尊敬，参与活动的人以此为荣。所以，如果你想发起一场大规模的营销活动，你的品牌荣誉将会对活动是否成功有很大的影响。管理团队需要能够应对本地媒体和全国媒体长达数天或数周的报道。企业能够保护自己的品牌，充分利用曝光的优势，在推出任何营销活动前，采取积极主动的公关策略和意义明确的沟通计划。

也有许多人对这个活动提出了不同意见，比如奥巴马没有接受挑战，但是捐了 100 美元，这遭到了很多人的批评，他们说奥巴马不支持这次活动，但是他们好像忘了捐款也是支持的一种方式，而且推动募捐也是这次活动的根本目的。另外，2014 年美国加州正面临着前所未有的旱灾，这么大规模地浪费水资源的活动也容易引发负面评论。但是总的来说，慈善事业依然成为最终的受益者。

社会化营销：可口可乐昵称瓶

2013年10月，中国艾菲奖（EFFIE AWARDS 大中华区）将大奖颁给了"可口可乐昵称瓶"。艾菲奖是广告界的盛大节日，最早由美国营销协会创立，该奖项的颁奖宗旨是"以实效论英雄"，也就是说选取当年效果最好的广告创意。在很多人看来，可口可乐昵称瓶是社会化营销的经典案例，用社会化媒体的力量提升了销售业绩。

可口可乐昵称瓶最大的特点是根据用户的特征修改了原有包装，让它更贴近用户喜好。从这一点来说，社会化媒体确实发挥了巨大的作用。因为如果没有社会化媒体的存在，单靠传统媒体无法收集到如此全面大量的昵称。不但如此，在短短的三个月时间里，可口可乐公司为每一款昵称瓶量身打造了与之相配的数字海报，数量达到一百多张。

从营销的节奏来看，可口可乐的营销过程比较符合传统广告的特点，首先针对意见领袖进行产品投放，结合明星效应，利用明星、社会名人在社交网络上的吸引力，制造信息高点。然后通过分布式的信息投放，引起公众兴趣。

到最后，可口可乐公司更换了全新包装的昵称瓶，大量产品开始投放市场。在大量的产品投放过程中，使用了定制的形式制造稀缺信息，引发公众对于产品的渴望，并引发二次讨论。最终促进了整个产品的销量。

可口可乐公司的成功并不是偶然的，它对于营销渠道的选择并非是单一的，而是利用了多种方式，其中包括新浪微博、360搜索、电视广告等。

在活动上线之前，可口可乐便通过众多明星的微博账号发布了消息，成功吸引到第一批想要购买定制瓶的粉丝。活动开始后，最先买到昵称瓶的网友就主动在微博上分享，吸引了更多人的注意力。在接下来的几天中，参与的人数如同滚雪球一样越来越多，抢购的速度也越来越快。而这种从线上微博定制瓶子到线下消费者收到定制瓶，继而通过消费者拍照分享又回到线上的O2O模式，让社交推广活动形成了一种长尾效应，这正是从消费者印象到消费者表达的最好的实践。

在8月14日，可口可乐在360搜索的网站上推出了私人定制瓶的主题页面。网友只需要输入昵称瓶，就能进入活动页面，参与抢瓶活动。而在此之前，可口可乐还携手新浪微博，在可口可乐的官方微博上试用微钱包推广定制版昵称瓶。作为一次市场活动，此次"高级定制"不收取任何额外费用，用户只需要承担邮费即可。整个定制过程也十分方便,消费者只需要在官方微博上选择昵称名,并输入希望赠送人的姓名,通过微博钱包支付邮费即可,定制流程与在电商网站购物一样便捷。活动推出第一天,300 瓶可口可乐 1 小时被抢光;第二天,500 瓶 30 分钟被抢光;第三天,500 瓶 5 分钟被抢光;接下来几天 500 瓶都是在 1 分钟内秒杀完毕。这是让人震惊的数字,而且呈现出越来越快的趋势。前三天一千多的销量,已经产生新浪微博五千多的分享与讨论。

有的人不明白,为什么昵称会受到人们的热捧,其实昵称是人们对自我的一种表达,有点类似于笔名。另外,昵称也是一种标签文化,在中国实行标签战略显得很接地气。特别是对于 80 后、90 后甚至 00 后来说,互贴标签是对互相的认可。贴标签的趣味性很强,容易引起人们的认可。比如高考期间,很多印有考霸的昵称瓶就被哄抢一空。

对消费者来说,昵称瓶使他们能够参与到产品的设计中,体验设计的乐趣,这也是网络营销的核心,只有让消费者有参与的可能,他们才会乐于参加互动,并愿意与朋友分享。这样一来,话题和关注也就形成了,成了病毒式营销,最终能够席卷网络。

可口可乐的这个活动也给中国的企业好好上了一课,它让我们注意到,消费者的使用体验是多么重要,而要提升使用体验的方法不止一种,只要肯好好发掘,一定可以发现适合自己的方法。

第五章 后端营销，挖掘客户最大价值

网络营销人员最看重的是流量，认为只要有了流量，网站就可以维持下去，销售业绩也能得到提升。但是在争取流量的时候，很多人忽略了后端营销的重要性。简单来说，前端营销是为了争取客户，而后端营销争取的则是回头客，留住一个老客户，比争取一个新客户更有意义。

一、数据库，数据也是一种语言

数据库营销简介

顾名思义，数据库营销就是利用营销数据建立一个数据库，企业根据对数据库的分析，制定合适的营销推广手段。数据库营销在中国市场出现的时间很晚，但是作为一种新的营销利器，它正在悄悄地改变着市场的竞争格局。思科、惠普、戴尔、甲骨文等一大批跨国公司已经用数据库营销赢得了中国市场，而我国的许多企业也正在尝试使用这种新的营销方式。

数据营销的作用主要表现在以下几个方面：

1. 客户定位更加精准。和"广而告之"的传统营销不同，数据库营销对客户的定位更加精准。企业在管理客户信息的过程中，确定可能出现的客户，并实施批量个性化的客户沟通策略，从而提升客户价值和企业盈利水平。京东商城的创始人刘强东曾经说，他能够根据客户关注哪些商品，关注的路径，以及他们之前的购买行为等信息，预测出未来一段时间内，哪些客户会来，买什么，买多少，等等，而且精确度能达到95%，而这一切都要归功于强大的数据软件分析系统。

2. 针对性营销。建立数据库的目的就是记录客户的消费信息，对此做出分析之后，得出这些客户是什么人，要采用什么样的方式向他们推销。这就决定了企业不可能像之前一样采用大众传播的方式，它们会采用更加经济、更加高效的针对性营销。在采用针对性营销的过程中，企业要将资源整合到具体化的竞争平台上，发挥目标的指导作用。另外，针对性营销还要以产品为基础，如果产品不出色，企业的营销是很难长远地走下去的。

3. 根据市场制订生产计划。客户数据库中记录了许多原始数据，企业可以利用这些数据发现赢利的机会，并根据顾客的年龄、性别、收入情况和其他因素，对顾客购买某种货物的可能性做出预测。当数据分析清楚之后，企业便可以制定出合适的营销策略，制定商品的价格，甚至按照购买的可能性确定生产计划。

4. 分析顾客的赢利率。实际上，真正给企业带来丰厚利润的顾客只有20%，他们是企业的最佳顾客，赢利率是最高的，对这些顾客，企业应该提供特别的服务、折扣或奖励，避免他们被竞争对手抢走。

在我国，数据库营销仍然是新兴事物，占据统治地位的仍然是传统的营销方式。但是在快速发展的年代，没有哪个企业能够始终坚持一种营销方式，我们必须顺应市场潮流做出相应改变，才能避免被淘汰。

数据库营销实施步骤

数据库营销在我国是新兴事物，所以很少有人知道如何去操作。其实学习是一个慢慢深入的过程，不能够一蹴而就。但也不要一上来就被吓倒了，我们可以从它的工作原理上来看待它：建立数据库、分析数据、制定营销策略。

一般来说，数据库营销的实施由以下几个步骤组成。

建立数据库

做数据库营销的第一步，是建立一个数据库，对开网店的朋友来说，这一步再简单不过，建立一个EXCEL表就可以了，再设置好项目，如性别、年龄、职业、地址、工作、喜好、消费习惯，等等。

采集数据

数据库建立起来后,就是开始采集数据,完善数据库。对于网络营销中的数据库的采集,主要是自由用户的采集。比如说你要做个淘宝店的数据库,在你的店里买过产品的用户,就是你第一批原始数据。再比如对于网络论坛、社区等,注册用户就是第一批数据。

但是对于一个大型的、完善的数据库来说,这些是远远不够的,必须扩大获得数据的渠道,最常用的有以下几种:

1. 调查。在线调查也是一种非常好的采集用户数据的方法,而且比较省钱。可以搞一个有奖调查,出几百元的小礼品,就能获得成千上万个有效的调查数据。

2. 引导。这是最直接、最重要的方法,比如在网站上建立带积分的平台,如果用户想获取更多的网站积分,就要完善会员资料,资料填写得越完整,积分越高。

3. 反馈。这个方法也很常见,比如我们在和客户打电话的时候,向她推荐一款红色的衣服,结果她说"我不喜欢红色",那么你就要记下这个信息了。

4. 交换。这是一些商业公司的主要做法,同类公司的下属经常互相交换论坛的用户数据。

管理数据

这里主要是指利用计算机,把数据整合成有条理的数据库。特别是大型公司，需要用专门的软件统一管理用户的数据库，要做到所有部门的数据都是统一和同步的。管理数据库对于采用数据库营销的企业来说，特别是对于网店与电子商务公司，尤其重要。

当然了，上面所说的内容都是采集数据的过程，最终要做的仍然是分析数据，并从中找出解决问题的方法。对于一个数据分析师来说，最重要的是分解数据，将用户分出类别，研究销量、流量、成交率等数据，最终知道为什么会出现老客户流失、退货率增加的情况。

二、客户终身价值，吸引新客户维护老客户

客户终身价值营销

客户终身价值也称顾客终身价值，或者是顾客生涯价值，指的是一个客户在将来能够给企业带来多少收益，也就是他在将来能到你的店里买多少东西。对于一个企业来说，赚取回头客更有意义。这不仅仅因为你可能需要花费两倍于维持老客户的时间和金钱才能吸引到一个新客户，而一个老客户能够创造的价值远远大于新客户，为什么呢？举个例子，A 从你的店里买过一双鞋，那么他就已经为你提供了一笔利润，这是一笔价值；其次，他把鞋买回去之后就穿

上了，获得了一份体验，如果感觉不错，可能还会当个回头客，继续来你这里买东西，这也是一笔价值；最后，如果有人问他"你的鞋子不错啊，哪里买的？"他就会把你的店铺告诉别人，相当于帮你做了一次免费推广，这又是一笔价值。

客户终身价值营销，也可以理解为吸引新客户，同时维持老客户。

屈臣氏的客户关系管理

屈臣氏是全球最大的保健美容产品和香水、化妆品零售商之一，在管理客户关系上有着丰富的经验。屈臣氏专注于个人护理与保健品的经营，倡导"健康、美态、欢乐"经营理念，将产品用户的定位在18～35岁之间的年轻女性，他们认为，这个阶段是女性最爱美的年龄，也最有挑战精神，她们愿意展示自我，喜欢用最好的产品。超过35岁以后，女性钟爱的品牌和生活方式一般会固定下来，很少再去改变。

通过自有品牌，屈臣氏时刻都在直接与消费者打交道，能准确了解消费者对商品的各种需求信息，掌握了雄厚的上游生产资源，可以将信息第一时间反馈给企业，从而可以不断调整产品。从选择产品的原料，到包装、容量、定价，每个环节都是按照消费者的需求制定的，所以屈臣氏提供的产品总是能够符合顾客的心意，就像是量身定制一般。哪怕是一瓶蒸馏水，屈臣氏也做出了独特的造型和颜色。

在经常光顾屈臣氏的顾客中，大多数看重的是屈臣氏产品超高的性价比。"买贵退差价"、"我敢发誓保证低价"是屈臣氏的一大价格策略，但屈臣氏也通过差异化和个性化来提升品牌价值，一直以来并不是完全走低价路线。后来他们又推出了贵宾卡，VIP用户可以享有许多优惠。正是通过以上种种措施，屈臣氏加强了对顾客的价值管理。

从上面这个案例可以看出，客户终身价值就是企业吸引来的客户能够带来多少利润，这些利润当中包括顾客已经创造的利润价值，按照当前的消费习惯顾客将来可能带来的利润以及顾客在无意当中对产品的宣传可能给企业带来的利润。

对顾客的消费习惯进行研究之后，可以对顾客进行分类，看看他们是忠实客户、活跃度较低的客户、只买过一次的客户，还是从未购买，但有可能成为客户的人。

老客户对企业来说非常重要，因为企业为了吸引他们已经支付了宣传费用。如果能够加深他们的品牌忠诚度，就相当于省去了一笔宣传费用，而且这些人还可能主动为产品做宣传。所以现在的企业越来越注重产品的使用体验，他们想要通过提高服务质量留住客户。

塑造品牌的价值

中国人历来重视有形资产，但是对于品牌的价值不够重视，尤其在最初和外资合作的时候，有的企业为了获得优惠政策，只用很少的钱就把企业商标卖出去了。娃哈哈也是其中的一员，在创业初期，企业领导人并没有认识到无形资产的力量，把娃哈哈商标以一亿人民币的价格出售给了法国达能，导致后来演变出一场"达娃"商标战，达能想要强制收回娃哈哈的商标，而那个时候娃哈哈的商标价值已经达到 300 个亿了。双方铆足了劲，将之视为终极一战，这也是中国商业史上最激烈的合资纠纷。据达能公布的财务报表显示，达能在这个过程中支付的法律费用高达 5000 多万欧元，相信娃哈哈方面也下了血本，然而最终双方互有得失，谁也没有获得全面胜利。

从娃哈哈的例子中，我们可以看出品牌对于企业的价值是多么巨大。可口可乐的总裁曾经说过："如果全球的可口可乐工厂在一夜之间全部烧毁，第二天就会有无数个银行家向我贷款，因为他们明白，可口可乐这块牌子放在世界上任何一家企业头上，都会给它带去滚滚财源。"

既然品牌的力量这么惊人，那么该如何塑造品牌的价值？

高品质。产品的质量是企业的命脉，直接决定了企业的生存情况。高质量的产品是企业竞争的王牌，它能提高企业的品牌价值。

独特性。每个知名品牌都是高质量的代名词，但也有各自的独特性。正是这种不同造就了各种各样的知名品牌。

保持领先。一个企业要立足于市场，必须有自己的"看家本领"，在某个领域始终保持领先地位。有些企业的做法是传承"百年老店"，比如麦当劳和肯德基，它们都有深厚的文化底蕴，品牌价值高居全球榜首。也有的企业创立时间很短，但是它们对市场的把握能力很强，又有强大的技术开发能力，能够与时俱进，始终引领时代潮流。这些企业主要是高科技公司，例如谷歌、联想、Facebook等。

注重营销。除了产品的竞争力之外，企业主要依靠的是整体营销能力，这是一种最原始、最直接的竞争方式，并且是一个此消彼长的过程。营销做得好，既可增加企业市场份额，提升利润、增强企业的竞争力及抗风险能力；又可挤压竞争对手的市场生存空间，培养顾客的忠诚度，提升品牌知名度。

企业文化。产品和资本是企业的血液，而文化是企业的灵魂。一种产品有自己的生命周期，但是优秀的企业文化可以让企业始终屹立不倒。总之，拥有高品质产品、与众不同的特色、领先的战略、强势的整体营销力及高雅的文化、技术创新的精神，再通过不断地强化，才有可能成为国内知名品牌甚至世界知名品牌。

三、客户转介绍，拓展营销的圈子

让客户主动推荐

　　让客户购买你的产品后还能主动替你打广告、推荐产品，对企业来说是一件很重要的事情，这也是客户终身价值营销的一个体现。客户来买东西，当然是一件好事，你可以从中赚取利润，要是你做得好，让客户主动给你带来他的亲朋好友，你就有了更多的客户，产品就不愁销路了。

　　其实，这一点并不难做到，不同的客户虽然有不同的消费习惯，但是大多数人的思维习惯是一致的，他真心觉得值得购买的东西，就一定会向朋友提起。销售是一场心理战,如果你能抓住客户的想法,善于引导,就一定能让客户成为你的产品的忠实粉丝。今天我要告诉大家的是,只需做好六个方面功课,就可以实现这个目标。

1. 替客户做好面子工程。人都有爱美和攀比的心理,不管他花的是100块还是1000块,他都会希望买到的东西能让他更有面子,让他显得很识货。有的人花大价钱购买名牌服装,一方面是因为做工、质量等因素,另一方面则是为品牌付款,这样的产品让他更有面子。也有的人比较节俭,不去追寻品牌,而是更看重性价比,他花了几十块钱买一件衣服,只要看起来式样还不错,手感也还行,就已经很满足了。对待这一类客人,千万不要认为他们不爱面子,其实他们也爱面子,只不过没有表现出来。你要做的是向他们推荐性价比高、款式新颖的衣服。

2. 邀请知名人士帮忙推荐。这一招相信大家不会陌生,有人会说了,"不就是请明星做广告么",这句话也对,也不对。我说的名气高的人并不是完全指明星,你有实力能请到明星那最好,但要是请不到明星怎么办呢?难道生意就不做了吗?所以并不是非明星不可,只要有一定名气就可以了。比如说写书的人,在书写好之后愁销量,谁都想自己的书卖得好。他们会找自己认识的知名人士帮自己写一篇序。

3. 解决客户的实际需求。客户买东西主要还是为了"实用",也就是能够解决他的问题。他的问题被解决了，心里一高兴就会主动帮你推荐。比如说他买了你写的书，从中学到了很多东西，感觉受益匪浅，那么他就会跟朋友说某某书不错，你一定要读。

4. 利用从众心理。从众心理是人出于对自身安全的考虑，在潜意识中做出的选择。如果前方有危险，人会随着人流向安全的地方涌去。如果能够好好利用这种心理，就已经能够为店铺带来非常大的客流量。我有时会去逛菜市场，发现一个卖蔬菜的大姐，她只是扯开嗓子吆喝了几声，就把所有的蔬菜都卖出去了，而其他的小贩无论吆喝得多么卖力，都没有她卖得多。有的人天生就会销售，有的人天生不适合销售，这其中肯定是有原因的。我就觉得很有意思，于是我走过去问她："为什么别人喊的声音比你大，生意反而没你好呢？是不是你卖的菜更好吃？"

大姐听我这么问，马上就乐了，她笑着说："都是小白菜，我又不能帮它长，怎么可能比别人的好吃呢？难不成有谁卖的小白菜是猪肉味的？"

"那是因为你卖的菜更便宜？"

"都是一样的价格，都是一样的味道，都只是小白菜，只不过我跟他们吆喝的时间不一样。"大姐说，"人这个东西很怪，没有人买你菜的时候，你怎么喊没有人来，当有人来买菜的时候，你再喊别人就都跟着来买了。"

这就是从众效应，大家看到来这边买菜的人多，菜摊很热闹，就以为这里的蔬菜肯定更好。其实产品都一样，关键是要看你会不会"吆喝"！

为主动推荐做探询

卖东西的人都知道，想做成一笔生意，就要让客人觉得花这么多钱买这件东西是完全值得的。如果想让客户主动为你的产品做推荐，最好的办法是让他相信，这个产品不但适合他，而且很适合他的亲朋好友；其次是给他提供好处，让他拿回扣，或者向他承诺能够打折，这是用利益打动他；最低级的做法是什么也不做，只跟客人说"跟你的朋友推荐推荐啊"，别人又不是你的员工，凭什么帮你推荐？

从原则上来说，你可以让任何人帮你推荐产品，只要他们感觉在你这里买东西真的值得。但是客户来消费是一件事，帮你推荐产品又是一件事，而且这件事很多时候费力不讨好，别人可能认为他拿了你的好处之类的。现实总是跟理想有一定的差距，所以要使用一定的技巧。

想让客户帮你推荐，你要首先确保客户自己会将东西买下来。让他帮忙推荐要选择恰当的时机，不能贸然开口，一旦开口就要确保能够成功。如果说客户对你的产品非常满意，对价格也很认可，这个时候就是最佳时机。当然，这一点很难判断。客户很少直接说出来，所以你要特别留意客户表达认可的各种方式。在古玩市场有一条不成文的规矩，说产品差的都是想买的，说产品好的都是不买的。比如说别人过来看中了你的产品，左看右看，他会一直说这东西怎么怎么不好，其实是想跟你砍价；如果他上来就说"这东西不错，能卖个好价钱，千万别卖便宜了"，你说他能买吗？

  销售的方式有很多，不同的方式会有不同的效果，但是不管怎样，你都要用最真诚的态度去对待客人，这样才能赢得别人的敬意。俗话说"人敬我一尺，我敬人一丈"，对客户吹胡子瞪眼显然不是我们要做的，但是尊敬客户不代表巴结客户，那样只会贬低自己，同样会让人看不起，很难收到效果。我们要做的是站在客户的"侧面"，不仅从动作上，还要从心理上做到这一点。会做生意的人，看到客户对产品产生兴趣的时候，不会冲过去站在别人面前问"你想买什么"，也不会站在别人的后面问"看好了吗"，这些做法都是属于对客户的不尊重。最有经验的销售人员，会采用最明智的做法，当客户在看产品的时候，站在他的侧面为他讲解产品的好处。有一次我去逛市场，看到几幅画特别喜欢，看了半天一个比一个喜欢。这个时候老板过来了，笑着对我说："拿不定主意了吧？"这句话是非常有分量的，他让你感觉到自己真的很喜欢这些东西。然后他又说了："你是挂在里屋还是挂在外屋？"他在逐步推进，催促你做决断。"挂在里屋的话就选这幅，这幅画很雅致，挂在外屋的话那一幅比较合适，磅礴大气。"这是帮你做出选择。最终我买了第一幅。其实我并不需要这幅画，但是老板让我觉得拥有这幅画也是个不错的选择。

当客户彻底被你打动之后，你就要开口提出请求了，不要在客户要走的时候才说。在整个过程中，你要表现得十分有信心，确信你的产品一定会让他的朋友满意。掌握三项基本原则，能够让你以非常重视的态度提出请求。第一，确认你有足够的时间，和客户以及客户的朋友见面，如果可以，最好定下具体的时间，比如"下个星期六我们店里会推出促销活动"，用类似的方法帮助客户决定时间；第二，信心满满地告诉客户这件产品的好处，让他知道买这件产品是很合算的；第三，如果你是通过介绍才和他见面的，应该和他说一声，以打消他的疑虑，同时利用朋友圈的交集快速拉近距离。

当你第一次和客户推荐的潜在客户联系的时候，你可以发个微信给客户，让他知道你已经在联络了。同时还要注意维系老客户，向他们表示谢意。

第六章　免费营销策略

在很多人看来，免费赠送只会减少利润，是绝对不能做的，他们会抓住一切可能的机会，赚取每一分可能赚到的钱。实际上，免费才是最有效的营销手段，免费能够迅速抓住客户，在最短的时间内推广产品。在互联网快速发展的今天，免费策略有了更广阔的空间。

一、网络免费，时代涌动的浪潮

互联网构建免费的天堂

1969年就出现了互联网的原型，当时这个决策是美国军方出于战争的考虑而制定的，直到几十年后才普及开来。互联网最初是完全免费的，没有人在上面从事商业活动，但是互联网普及之后，人们从中看到了商机。

人们对互联网最初的认识就是可以免费使用的，比如说你需要花钱买书、买杂志、看电影，但是让你花钱在网络上看电子书、看电影，你肯定就不乐意了。网络上的许多产品和服务确实是可以免费得到的，而且提供产品和服务的企业反而能够从中赚钱，这一点我会在接下来的章节里介绍，这里我们主要讨论为什么互联网经济可以是免费的经济。

在互联网上，开发产品的成本基本上是固定的，而产品在互联网上的推广成本非常低，因为信息的传递费用接近于零，所以使用这个产品的人数增多以后，企业需要承担的费用不会产生太大的变化，人数越多，分摊到每个用户上的成本就越低。例如，如果你开发一个软件用了一万块，之后获得了一万个用户，那么分摊到每个用户身上的成本就只有一块钱，如果扩大到一亿个用户，分摊到每个用户身上的成本就只有 0.01 分钱。向一个用户收 0.01 分钱显然是不切实际的。

所有互联网企业的商业模式都差不多，都要求有大量的用户，然后通过增值服务向一部分用户收费，或者是在产品中植入广告，让大部分的用户都看到。例如，使用 QQ 聊天是不要钱的，但是开通会员就要钱了，这是通过增值服务向部分用户收费；腾讯曾经和可口可乐合作，设计出一款 QQ 秀，向可口可乐收费，然后发放给用户，这就是在产品中植入广告。后一种模式看起来比较幼稚，就好像小孩子过家家一样，但是从营销的角度来讲，这种商业模式是非常成功的。你在每个用户身上花 0.01 分钱，让他每天使用你的产品，同时还免费帮你宣传，这是很低的营销成本。

同其他营销手段相比，免费策略的效果最好。人们看重的不是你赠送的礼品值多少钱，而是看重免费赠送这件事。人都有贪小便宜的心理，再不值钱的东西也有人愿意要，所以免费策略要花的成本并不高，这件事情本身就能帮助企业塑造口碑。在中国，想用一万块钱做个广告是很难的，而且还不敢说效果有多好，但是如果拿这些钱做一个免费的产品，就能通过互联网赠送给几万个用户。这些人用了你的产品之后，就对你的产品品牌有所认识，还会产生一些好感，这比做广告的效果好多了。在商品经济时代，最好的营销工具是品牌，最有价值的也是品牌，技术和专利只不过是品牌的组成部分罢了。我们经常能够听到某某品牌价值几千万，某某品牌价值几个亿，为什么会这样呢？因为制作一件产品只需要几秒钟，但是建立一个品牌则需要几十年。

一开始使用互联网上的产品并不是免费的，但是这是社会发展的趋势。受到传统营销模式的影响，人们认为在互联网上使用产品也要付钱。例如，在几年前杀毒软件大多数是需要付费的，但是自从360宣布免费以后，大部分杀毒软件也跟着免费了。对消费者来说这当然是好事，因为使用杀毒软件不需要付钱了，对企业来说也不见得完全是坏事，它们少了这份营收，却可以获得更多的用户，能够从其他方面赚回来。在推广免费杀毒软件之前，360通过销售杀毒软件获取的收入，每年能够达到1.7亿~1.8亿人民币，杀毒软件免费之后，360 反而做得更大，360 卫士、360 浏览器、360 手机卫士等全都出来了，2013 年 360 的营业额已经达到六亿美元。奇虎 360 的董事长周鸿祎在回忆起免费策略的时候曾经说："安全是互联网的一个基础服务，是大家都想解决的问题。与其维持现状等着被别人革命，还不如自己来革自己的命。如果自我革命，还可能革出一条出路出来。如果等着被人家革命，结果就会很惨。"

免费具有强大的吸引力

　　对于消费者来说，免费这两个字充满了魔力，任何产品只要贴上了"免费"这两个字，就能很快吸引人们的眼球，引起他们的关注，不管这种产品到底有没有用。

　　免费之所以能够受到人们的欢迎，不是说商家赠送的东西有多么高的价值，而是因为人们对"免费"这两个字没有抵抗力。当然了，如果这件东西对人们很有用的话，效果就更好了。比如说在小区里搞活动，填一份表格就能领取一瓶娃哈哈纯净水。填表格可能要花掉 10 分钟的时间，但是一瓶娃哈哈纯净水的批发价差不过才 0.75 元，零售价也不过才 1.5 元，对于很多人来说，10 分钟能够创造的价值可能远远不止这些，但是他们仍然会跟着大众一起去填表领取。因此，不用担心产品送不出去，只要摆在大街上，吆喝几声，肯定会有人要的。

免费策略助 Win10 突破 2700 万实际安装量

根据 StatCounter（美国一家网站通讯流量监测机构）的统计数据显示，Windows 10 正式开放升级以后，仅仅过了两周的时间，就有超过 2700 万台计算机升级到了 Windows 10 系统。而 Windows 10 系统的市场份额已经迅速攀升至 3.78%，在英国市场甚至高达 7.56%，在此之前从未有任何一款操作系统能有这样的成绩。

众所周知，Windows 8 系统推出以后饱受诟病，兼容性问题更严重，软件支持也很少，有的人很形象地说"如果没有触控屏的话，用起来就感觉像是触屏手机坏了一样的难受，明明图标在那，就是不能点"。Windows 8 系统花了整整半年的时间才达到 Windows 10 的装机量，市场份额最高的时候也不过 15.86%，相信这一成绩很快就会被 Windows 10 超越。

Windows10 能够在这么短的时间内抢占到如此多的市场份额，是和微软的免费策略有着直接联系的。微软表示，现阶段Windows 7 和 Windows 8 用户可以在一年之内免费升级到 Windows 10。

对消费者来说，免费是一种不拿白不拿的心态，而对于商家来说，免费可以最大限度地降低销售的阻力，常常能够把不可能的梦想变成现实。

很多人有一种依赖感，不喜欢改变，他们选择某个品牌的产品，没有具体的原因。比如说他每次都会购买黑人牙膏，等他用习惯之后，再让他买云南白药牙膏就没有那么容易了。你跟他谈价格、比质量、说味道可能都没有用，他只会想着"这个人要我花钱"。这个时候最管用的就是免费策略了，直接给他一盒牙膏，让他回去用用看，就算他再顽固，也没有理由对着免费的东西说"不"。等他用了之后，就产生了改变使用习惯的可能性，商家就多了一个潜在的客户。

也正是由于这一点，商家最好不要拿劣质品充当赠送礼品，而是应该用高质量的产品，才能让用户认可这个产品。如果你让用户拿着一堆没用的东西回家，估计他都懒得看一眼，哪里能有宣传的效果呢？看看那些大企业免费赠送的礼品吧，吉列赠送刮胡刀，Hotmail赠送电子邮箱，腾讯赠送聊天软件，这些都是人们用得上的东西，并且需要经常使用。所以只要使用得当，免费策略就可以给你带来意想不到的效果。

二、免费策略，多方地应用

移动网络中的免费营销

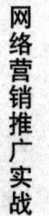

免费营销只是一种营销思想，在具体的操作过程中，它仍然需要借助于信息的传播，说得通俗一点，即便是免费赠送礼品，也得告诉别人才行。在网络时代，信息的传递更加便捷，所以利用网络媒体可以更好地打响免费战。

随着网络科技的发展，社交媒体公司也进入高度繁荣的时期，而每一款社交软件的诞生，都会带来一种新的营销方式，都会对以往的营销模式带来冲击。例如在微营销兴起的背景下，很多传统媒体的营销市场逐渐萎缩,大批资源向微营销注入。不过,这些传统的营销方式并没有完全消失,它们依旧发挥着极其重要的作用。

作为网络营销曾经的中流砥柱,论坛营销依然能够发挥非常不错的作用,特别是在一些专业技术类的网站上面,很多资料内容都是从论坛上发布的。除此之外,论坛中还有众多的目标群体,基于这类论坛进行营销就能够起到事半功倍的效果。

手机导航 APP 免费

2013年8月29日,百度官方宣布,百度导航面向用户永久免费!已经在 iOS、Android 平台购买过百度导航的用户,也将得到全部退款。百度发布这一消息之后,高德紧随其后,也宣布高德导航 App"自我革命"实行免费政策。两家主要导航 App 提供商同时动作,带动导航 App 一夜进入免费时代。在此之前,高德导航的价格一直维持在50元左右,并偶尔推出活动,进行降价促销,而同类软件售价最高可达108元。根据高德内部人士的说法,高德导航早就已经决定免费,只不过是在等待一个契机。

实际上,导航商业模式的颠覆要从苹果说起。2012年6月,苹果在新版的 iOS 系统中使用了自己的地图软件,放弃了原本使用的谷歌地图。在苹果地图这个软件中,最具竞争力的一个功能就是实时语音导航功能,能够更加方便地为用户指示道路。这个功能出现以后，市场上制作地图软件的各大公司也不甘落后，纷纷研发了自己的导航功能。

百度、高德虽然也内置了导航功能，但是仅限于在线使用，离线版的售价仍然是50元左右。这并非是它们不肯免费，实际上百度和高德一直都想免费提供离线版，但是它们受到了上游企业的制约，因为百度和高德地图的底层数据来源于四维图新等企业，上游企业不允许丢失这块蛋糕。不过，随着地图入口越发重要，各家将地图视为移动互联网上最重要的入口，离线地图的导航免费已经是大势所趋。移动互联网的普及使得地图成为重要入口和用户不可分割服务，人们对地图的依赖就像使用聊天软件一样，在这种情况下再向消费者收费，只会阻碍企业自身的发展。

看到这里，我们是不是可以大胆地设想一下，手机流量和话费、网费有没有可能免费，至少大幅度降低收费标准呢？对于智能手机来说，流量几乎是必需品，就像电视刚刚出现的时候，信号对于电视的意义一样。人们对收看电视栏目不用花钱早已习以为常，偶尔碰到需要付费的电视台反而感觉到新鲜。而如今出现的越来越多的免费流量，就是运营商、内容商、渠道商等企业的营销风口。

有的人可能会问，手机流量是运营商的主要赚钱工具，要免费不是要牺牲企业的利益吗？记得移动梦网的2G时代，那时手机还只有语音、短信。资费比现在贵得多，猛然听到接听免费的消息都高兴得不得了。同样，在现在想不花钱享受流量简直想也不敢想，但是随着移动网络技术的发展，用户流量免费将是一个趋势。因为运营商的流量经营正在从前向收费向后向收费过渡。早在 2013 年底，阿里巴巴宣布下载淘宝、来往、天猫等客户端即可申请免费流量包，那时就已经开了后向收费的先河。

所以，用户流量免费是完全可能的，至少也要大幅度降价，否则只会限制移动网络的发展，而原本由消费者承担的费用，转嫁到了企业身上。

免费是一把利剑

免费策略可以让一个企业快速抢占市场，同时，击垮竞争企业，所以说免费策略运用得当，就是商战上的一把利剑。

大家都知道微软公司，以及微软的 Windows 操作系统。中国刚开始普及互联网的时候，大部分电脑上装了 Windows 系统，直到今天也仍然保持着近乎垄断的地位。可以说，在整个科技工业史上，能够盖过微软风头的公司屈指可数。网景公司就是这些少数中的一个。网景和微软在浏览器上的争斗早已成为 IT 界的历史，但是许多人回想起这段往事的时候，依然唏嘘不已。

20 世纪 90 年代，互联网开始兴起，急需一个通用的网络浏览器,但是比尔·盖茨并没有重视。1994年安德森和克拉克成立了网景公司并推出网景浏览器,受到人们的热烈追捧,不到一年就卖出几百万份。这时比尔·盖茨才意识到网络浏览器的重要性,因为微软之所以能够垄断微机市场,就在于它控制了人们使用计算机时无法绕过的接口——操作系统。现在,网景控制了人们通向互联网的接口,这意味着如果微软不能将它夺回来,将来在互联网上就会受制于人。

比尔·盖茨首先想到的是和网景谈判,表示只要网景不与他竞争,两家公司就可以形成一种互惠合作的战略伙伴关系,但是网景公司的人员认为微软提出的条件太过于苛刻,他们无法接受微软注资网景并且进入董事会的提议。面对着PC市场的龙头老大,网景最后选择和微软一战,想要凭借技术和市场上的优势夺得一席之地。但是事实证明这些优势根本不可靠。

微软只好迎战。比尔·盖茨在短短一年之内投入20亿美元,通过购买、兼并和开发等多种手段,迅速地推出了浏览器IE2.0。为了彻底摧毁网景,比尔·盖茨决定将这一产品实行免费开放。这一下完全冲乱了浏览器市场的游戏规则。网景浏览器的价格为45美元,而IE功能与之相近却分文不收,无疑让包括网景在内的所有公司和消费者都目瞪口呆。

半年后,比尔·盖茨再次放出"大招",宣布将Windows95与

IE捆绑销售，也就是说买了微软的操作系统就意味着买了IE，等于是利用垄断优势而进行的市场攻击，全球85%的电脑装了Windows95，微软便是利用这一点去实现浏览器的垄断。

● 网景被微软一连串的组合攻势逼得走投无路，只能做一头待宰的羔羊。1998年6月，微软进一步推出Windows98，将浏览器中崭新的Web页面设计思路引入到Windows中，使视窗变得更为生动和实用，真正成为面向互联网的桌面系统。至此，微软的IE已抢占了网景的大部分客户，并占有网络浏览器市场的半壁江山，股价暴涨72%。也正是在这场战争中，微软完成了公司的战略转型，由一家PC软件系统的技术提供商转型为以Internet为基础的服务提供商。在微软的步步紧逼之下，曾经雄心万丈的网景公司被迫放弃浏览器市场，并公布了源代码。没过多久，网景被美国在线收购，再也没有能力东山再起了。

不得不说，微软在接下战书以后，利用免费策略打了一场漂亮的反击战，网景的失败固然是微软造成的，但是也和它们自身的策略有关。网景对危机的预估能力远远低于微软，以至于在浏览器行业裹足不前。它没有预料到微软会使用捆绑销售，更没想到比尔·盖茨会免费出售IE。在软件行业蓬勃发展的时候，网景没有像后来的雅虎、谷歌、Hot mail那样在新领域探索，对用户免费，最终惨遭失败。

和微软一样，世界上有许多企业通过免费策略击垮了竞争对手。免费可以为企业带来机遇，让产品能够快速抢占市场，但是这并不意味着可以滥用免费策略。因为免费策略需要企业投入资本，如果在免费发送产品之后，没有获得相应的回报，就会变成搬起石头砸了自己的脚。

三、免费实质，最终为了收费

免费最终是为了收费

免费营销策略是一种生命力十分顽强的病毒式营销。它利用了人们爱贪小便宜的心理，发放折扣或优惠，或者免费赠送物品，将人们吸引成为客户，之后再通过其他渠道赚钱。由于是完全免费的，所以不会引起别人的反感，也不会被人认为是拿了回扣或得了什么好处才推荐的。

巧妙运用免费策略

中国市场上有许多利用免费策略获得成功的案例，比如 360 的杀毒软件、淘宝和 Ebay 的大战、腾讯 QQ 和微信的免费，等等。但是还有一家运用免费策略的公司容易被人忽略，那就是金山公司。

在 360 宣布杀毒软件永久免费以后，国内各大杀毒软件公司不得不随之免费。首先看一下瑞星的动作，瑞星的免费在 360 和金山之后，而且它的动作仅仅局限于免费这一步，并没有其他同步或后续的动作，这看起来更像是为了争夺老客户的无奈之举。而金山和瑞星不同，除了免费之外，金山还让所有安装了免费金山毒霸的用户自动成为毒霸的会员，并且登记了这些会员的联系方式。这个动作好像绵柔刺来的一剑，看似平常，实际上蕴含着无穷的威力。大家都知道腾讯的成功是因为 QQ 用户多，金山的这一策略和腾讯的招数有异曲同工之妙。金山通过免费自家的拳头产品来获得大量会员，并且让这些会员成为一个围绕着金山的紧密群体。只要有了围绕在身边的巨大客户群，就不怕不成功。

除此之外，金山还为消费者免费提供 WPS2010 软件试用版的下载，它的目的就是让消费者使用习惯后，再掏钱购买正版。这种免费策略主要就是一种促销策略，与传统营销策略类似。另一个目的是想发掘后续商业价值，这是从战略发展的需要来制定定价策略的，主要目的是先占领市场，然后再在市场上获得收益。所以，免费策略具有很大的威力，但是要变换着思路，不能老是用同样的招数去糊弄消费者。

互联网刚开始出现的时候就是完全免费的，利用互联网进行电子商务是后来的事，所以人们认为网站本来就应该是免费的。也有一些公司企图收取注册费，但是随着免费策略的冲击，这种方法被大多数网站摒弃了，它们转而采取另外一种方法：用户免费，广告商付费。实际上这种方法早已被传统媒体所使用，大家看的电视栏目大多数是免费的，但是企业想要插播广告的话就要付一笔数额不菲的费用了。然而现在也有付费电视台，比如美国的HBO。HBO的母公司是鼎鼎大名的时代华纳集团（Time Warner），和一般的电视台不同，它不播放广告，只接受付费订阅用户，它的全部订阅用户达到3500万，几乎垄断了美国的付费电视频道市场。HBO全天候播放电影、音乐、纪录片等，大家耳熟能详的《兄弟连》、《权力的游戏》就是它们投资制作的。

B2B平台采用的是另一种方式，即买家免费，卖家付费，例如阿里巴巴、慧聪、中国制造等网站都采用了这种收费方式。用户可以免费注册账号，发布信息，如果卖家要回复买家的咨询，就需要使用付费账号，否则无法联系。Ebay也是这么做的，卖家登录产品需要付费，卖出产品还要支付交易费用，而买家浏览、购买都不需要支付费用,但是我们都知道 Ebay 在中国市场已经被免费程度更高,而且更好用的淘宝击败了。

还有一种模式是产品免费,但是服务收费。例如腾讯QQ,用户可以免费注册,并且使用QQ进行最基本的聊天、传文件、发送邮件、建立空间,等等,但是如果想要获取某些特权,享受更高等级的服务,就需要付费开通QQ会员、黄钻、绿钻等各种业务。很多网游也采用了这种方法,用户可以免费玩游戏,但是也可以充值会员,或者购买装备。

免费是一种营销方式,在活动初期可能并不赚钱,有时甚至会赔钱,但是免费的最终目的是赚钱,如果运用得当,就可以提升企业的销售业绩。

如何从免费走向收费

免费的最终目的是为了收费,这是毫无疑问的,没有哪一家企业愿意做赔本的买卖,正所谓"天底下没有免费的午餐"。而且就算老板想做,他手底下的员工也不会答应。所以我们所享受的免费待遇,其实是商业公司的一种赚钱方式。

可是从免费转化为收费不是件容易的事,用户已经习惯了免费使用,贸然改变很难得到他们的支持,腾讯公司曾经也想收取QQ

号码的注册费，但是实行了一段时间之后效果很差，最后不得不取消了这项决定，继续推行免费策略。

想要从免费模式走向收费，企业就必须审视自己的产品，看看有哪些产品或者产品的哪些部分应当继续赠送，哪些部分可以收费，又该收多少。总的来说，能够完成最终的收费目的的免费策略通常有这样几个可能性。

1. 产品可以分为不同的部分，而且这些部分必须结合起来才能使用。比如说吉列为剃须刀做的免费策略，它们赠送的是刮胡刀架，可是你不能拿着刀架刮胡子，你必须使用它们的刀片，于是吉列就通过刀片赚钱。打印机也是这样，很多主流的打印机生产商也采用类似的免费策略，它们通过做活动、搞促销，把打印机几乎白送给用户，然后通过墨盒赚钱，因为离开了墨盒，打印机就和一堆破烂没什么分别。

所以搞免费营销策略的第一点，就是让自己的产品能够分为几部分出售，而且各个部分必须结合使用，一旦分开就没有办法发挥作用。如果某一个部分有别的厂家在生产，比如墨盒，有的厂家也能生产墨盒，那么就要尽量保证它们的墨盒无法装在你的打印机上，也就是让它们之间不兼容，否则就是帮别人卖墨盒了。

2. 批量生产、运输成本较低的产品，可以使用免费策略。有些产品的研发成本很高，但是批量生产、运输成本很低，比如软件、电子书，等等。这一部分的产品就可以通过使用免费策略来抢占市场了。比如智能手机的操作系统，研发成功之后，大多会免费提供给用户，用户可以选择自己喜欢的版本，而开发商则通过其他功能来赚钱。

电子书也是一样，作者可能需要花上好几年的时间才能写出一本书，但是用户在网上下载一个盗版的只需要几秒钟的时间，完全谈不上成本。现在很多网站也出售电子书，甚至还有出售学术论文的网站，但是网络上也充斥着盗版资料。有一个网络营销专家，名叫胡宝介，她就很有想法。她有一本书叫作《搜索引擎优化（SEO）知识完全手册》，书写成之后，她没有拿着这本书去卖钱，而是把电子版直接发布到网上，让人们可以免费下载。虽然这本书没有给她带来多少直接利益，但是她的知名度迅速提升了，人们很喜欢这本书。

3. 市场需求量大，需要持续使用的物品。比如说生活中常见的洗发水、牙膏、化妆品等，这些产品需要制造和运输成本，但是一旦培养出忠实用户之后，肯定能够产生大量的需求，因此可以考虑免费赠送试用。

当然，这一类的产品并不仅限于日用品，食品也可以采用这种方式。我们去商场的时候，经常可以看到有一些免费试吃、试喝的摊点。对于商家来说，它付出的成本并不算高，只不过是推销员的人工费，以及少数几瓶或几箱食品罢了，但是它通过这次活动做了一次最生动的广告。

4. 有些产品或服务针对用户采用免费策略，比如网站、报刊、杂志等，但是它们会提供版面做广告，向广告商收费。而广告商的盈利又是从消费者身上来的，所以最终的成本仍然是消费者承担，只不过我们没有直接承担产品的使用费罢了。

总之，免费策略只是商家用来推销产品的一种方式罢了，这个世界上没有哪一样商品是真正免费的。

四、经典案例再现

免费营销源头：吉列刀片

首次运用免费营销策略并获得成功的企业是吉列品牌。它在1903年正式建立，到1917年就已经在美国达到了80%的市场占有率。1920年以后，吉列开始进军国际市场，占据全球65%的剃须刀市场。而这一切，都要归功于吉列之父——金·吉列（King C. Gillette）。

和大多数人一样，金·吉列在年轻时期的人生之路并不顺畅，直到40岁仍然是个不得志的发明家，他愤世嫉俗，反对资本主义，可是身处资本主义的环境中,他也需要为了生存而努力。他最初是个瓶盖推销员,尽管很有想法,精力充沛,而且家境良好,但是他的工作表现很一般。他从这个公司的老板身上只学会了一点:发明某种人们能一次性使用并扔掉的产品。

1903 年,金·吉列成功发明了吉列剃须刀,但是在整整一年之内他只卖出去 51 把剃须刀和 168 块刀片。在那之前,人们从来没有想过可以给自己剃须,当时的人们还是习惯于使用传统的剃须方式。当时的剃须刀是刀身和刀柄连在一起的,既笨重,又不锋利,刮脸费时费力,稍不留神还会刮破脸。由于刀身不能更换,要使剃须刀好使一些,只有频繁地磨刀。当时磨刀有两种办法,一是送到专业磨刀店里去研磨,费时又费钱;二是在刀布上来回磨,这种办法至今还能在一些老式小理发店里见到。然而金·吉列没有放弃,他仍然在坚持剃须刀的销售。

终于,"一战"给他带来了人生中最关键的转折点。战争使得吉列刀片成了"军需品",这种可以快速组装、便于拆卸、可以给自己剃须的刀片受到士兵们的喜爱。为了抢占市场,金·吉列用很低的折扣,把几百万个剃须刀卖给了军队,希望士兵们在战时养成的剃须的习惯能够延续到战后和平时期。果然,士兵们在使用了他的剃须刀之后产生了依赖感,这种习惯一直延续到战后,也给他带来了商机。1917 年,吉列刀片卖出了 1.2 亿把,稳稳地坐上"剃须刀之王"的宝座。"二战"爆发之后，他仍然使用这种方式，把数百万把剃须刀送到前线士兵的手中，进一步扩大了吉列的影响力。他还把大批剃须刀卖给了银行，银行可以把它们送给新开户的客户，这就是存钱送剃刀活动。他的剃须刀还和很多热销产品进行过捆绑销售，包括箭牌口香糖、咖啡、茶叶、调料，甚至是棉花糖。

吉列公司最常用的商业模式被称为"剃刀和刀片定价策略"，他以很低的价格向银行等商业伙伴出售剃须刀，而这些商业伙伴为了提升竞争力，往往会在开展自己的产品推广时，将剃须刀免费送出。所以吉列公司生产的刀架是不赚钱的，它真正的赢利点来自高利润的刀片业务。在刚刚推出这种营销模式的时候，成本2.5美元的刀架，被吉列以55美分的价格卖了出去，也就是在做赔本买卖，但是他把成本一美分的刀片卖到了五美分，利用销售刀片的利润弥补赠送刀架的支出。这种策略帮助吉列垄断剃须刀市场数十年，成为很多产业竞相模仿的对象。

"吉列模式"并不限于剃须刀和刀片，凡是对产品的配套服务要求比较高的消费品都适用。譬如我们前面说的打印机，惠普的打印机十分便宜，但是它对自己的墨盒技术申请了专利，并将使用原装墨盒作为质保条件，从下游利润中大大获益。销售打印机的利润只占总利润的1/3，而其他的2/3是从墨盒中获得的。再以双门冰箱为例，除了压缩机和柜体这些核心部件外，还有一些易消耗部件，如冰水分配器、水过滤器，等等，在冰箱整体使用寿命中，制造商销售过滤器替换部件的毛利和从整机销售中获取的毛利是一致的。国内也有使用这种定价策略的企业，例如华为手机推出的充话费送手机活动，用户不需要花钱购买手机，只需要充值一定金额的话费，每月保底消费多少钱，坚持到多长时间就可以了。也有的企业免费赠送咖啡机，然后高价卖出咖啡粉。

第七章 网络营销的误区及困惑

网络营销拥有传播快、成本低、效果好等优点,但是这并不代表网络营销是万能的,更不能说只要做了就能取得良好的效果。许多老练的网络营销精英在接触项目时,仍然有可能不见成效,原因就是他们并未注意到网络营销的误区,被这些看不见的绳索捆绑住了,制约了自身的发展。

一、网络营销的两大误区

误区一：只要传播就有好效果

很少有不重视广告传播的公司，但是很少有公司对传播效果做过深入的研究。实力较强的公司会选择投放电视广告，预算不多的小企业会选择发放传单、搞促销等形式。它们十分注重信息的传播，认为只要传播得足够努力，就一定可以收到很好的效果。

营销专家建立了一种"效果层次模式"，将营销传播的效果分为三个阶段：认知、情感、行动。认知阶段是指消费者对产品有所了解，知道它的特色、优点、功能、价格，等等；情感阶段是指消费者对产品和企业比较喜爱,他有可能是企业的忠实粉丝;行动阶段是营销的最终效果,即消费者对该品牌的产品进行试用,或者是直接购买、试用,也有可能最终放弃购买。

所以,网络营销并不是说只要传播就会有收获。企业需要对效果层次模式有详细的了解,对消费者的心理和行为了然于胸,才能把握营销的效果。

知道。这是营销最基本的任务,你要先让消费者知道你的产品是什么,有什么作用,哪家企业生产的,然后才能开展后续的营销活动。如果目标受众不知道产品,信息传播者的任务就是让人们知道。

了解。光是听过产品或企业的名字还不够,要让消费者对公司或品牌有所了解。比如说,消费者只听过"华为"、"华为手机",这并不能让他产生购买行为,你要让他知道华为手机中包含一款什么型号、什么价位、什么性能的手机。

喜爱。如果消费者知道某一品牌,但是大多数人不喜欢它,营销人员就要从中找出原因。如果是产品有缺陷,企业就一定要改进设计,然后把改善的结果传递出去。

信任。经过你的努力之后,可能已经有一部分人喜欢你的产品了,但是还没有发展到决定购买它的阶段。例如,一些大学生喜爱华为P8,但是未确定要买这部手机,那么信息传播者的工作,就是帮助学生建立起这样一种信念，买这部手机是最明智的选择。企业的任务是了解消费者的需求，与其进行充分沟通，在目标受众群体中建立起信任度。

购买。你的企业很受信任，产品的口碑也很不错，但是买的人不多，为什么呢？这是因为他们还没做出购买的决定，他们可能在等待进一步的信息，以便进行下一步的行动。这时，企业就应该释放出明确的信号，推动他们迈出这最后的一步。例如你可以做一些促销活动，提供试用的机会等。

从上面这几个步骤可以看出，一个完整的营销过程是非常复杂的，它包含了许多内容，并不是说传单散发出去之后就万事大吉了。散发传单的作用，和产品的知名度有关。如果没有人知道产品，那么散发传单只能让人知道产品，想要达到售出产品的目的，需要做的还有很多。

第一，提高传播信息的成功率。一万个人看了广告，最终购买的可能只有一个。假设以上5个步骤的成功率分别为50%，那么最终成功的概率就是 $0.5 \times 0.5 \times 0.5 \times 0.5 \times 0.5 = 0.03125$，也就是大概3%的成功率，你给100个人做宣传，可能有3个人购买产品。如果每一个步骤的成功率再低一点，假设为0.1，那么最终成功率就只有 $0.1 \times 0.1 \times 0.1 \times 0.1 \times 0.1 = 0.00001$ 了，也就是0.01%。

第二，信息的传播要有针对性。要对模型进行分析，了解目标区域的大多数消费者所处的层次，看看他们对产品的信任程度有多高。如果大部分人对产品有所了解，但是不太信任，那么这个阶段的营销就应该瞄准"信任"来做。

第三，网络营销和线下营销一样，都要对客户的心理进行揣摩，所以不能够只关注于传播范围，要关注用户对广告的接受程度。

我们都知道，电视广告曾经是营销的主流，它的传播效果在很大程度上是由收视率来评估的。然而网络广告的作用正在日渐突出，很多时候甚至超过电视广告，如何比较电视和网络广告对品牌提升的效果，已经成为困扰企业的难题。比较电视和网络传播的效果，关系到整个营销活动中对传播效果的分析，解决了这一点，就可以提高营销资本的利用率，在市场竞争中取得更大的优势。

误区二：网络营销没有缺点

同传统营销模式相比，网络营销具有传播速度快、受众范围广、营销成本低等特点，但是这不代表网络营销没有缺点。

仅以电商网站为例，存在以下三大问题。

1. 信任问题

淘宝最大的负面标签就是"假货"，这个问题从淘宝成立之初就存在，直到现在也没有很好的办法解决。在百度上搜索"淘宝假货"，竟然有 1060 万条搜索记录。靠着低价崛起的马云，在面临造假指责的时候显得十分无奈，他说自己很冤枉，"淘宝不生成假货，是社会上生成的假货在淘宝上容易被发现而已"。尽管他很想解决这个问题，但是在面对茫茫人海的时候又无计可施。他说的是实话，网购没出现的时候，社会上就有许多假货，网购出现以后，假货也转移到了网上。淘宝网上假货泛滥已是不争的事实，也正是因为这个原因，马云才宣传天猫对假货零容忍，"商家只要出售一件假货，将面临被清退、扣除全额保证金、永不合作"。

至于在微信、微博上发布广告的微商就更不必说了，代理人无法决定产品的质量，为了提升销量他们只能在朋友圈拼命发广告，但是广告发得多了又会招致反感。微博已经远远没有以前那么兴盛了，公众大V已经不再发言，微博上更多的是笑话、视频、心灵鸡汤以及广告等内容，几乎和人们的实际生活没有多大关系了。

信任的建立需要买卖双方共同努力，但是从目前来看，似乎还没有很好的办法。

2. 物流问题

电子商务由三部分组成，信息流、资金流和物流。物流配送需要在配送点、仓库、物流人员、物流运输等方面投入巨额资金，它对电子商务来说是不可或缺的，所以京东、苏宁、亚马逊等电商巨头都建立了自己的物流系统。淘宝没有建立自己的物流系统，而是和专门的快递公司合作,如四通一达(即申通、圆通、中通、汇通、韵达)。2012年5月,天猫宣布和包括邮政在内的九大物流商结盟,即便是这样,仍然很难满足淘宝近乎100%增长的年营销额。

到目前为止,电子商务仍然以零散的商品为主,主要以邮寄的方式配送,效率低、成本高,当这种业务大量涌现时,单以邮局的力量是很难准确、高效完成这些分散的业务的,因此自建物流有一定的优点。自建物流可以极大地降低物流成本,2011年京东物流费用占比6.6%,而当当为13.1%,只建仓不配送的亚马逊则为9.5%。但是自建物流的缺点也非常明显,那就是投资太大。阿里巴巴曾和星晨急便投资建设物流,但是效果不好,星晨急便也已经倒闭。至于京东在物流上的投资就更多了,刘强东曾经不止一次地强调要建设物流系统,到现在大约覆盖了300个城市,这么大的一笔资金,单凭一个人的力量是难以办到的。

3. 安全问题

和所有商务模式一样,网络营销也存在着安全问题,网络方便了购物和交流,也方便了犯罪分子的诈骗活动。这些问题很难在短期内得到解决,人们还是要加强警惕。

网络营销非常火热,但是它也有许多缺点。阻碍网络营销的发展因素不是单一的,而是多方面的。要解决这些问题也不是一朝一夕就能办到的,它需要我们的共同努力。

二、网络营销的困惑

没有强有力的执行力

执行力指的就是完成任务的能力,它对个人和企业都非常重要。有执行力不一定能成功,但是没有执行力一定会失败。对于个人来说,执行力表现在他完成上级任务的能力;而对于企业来说,执行力则是一个团队完成计划的能力,这其中包含了更多的要求,例如上下级之间的沟通能力、奖惩制度的实施情况等。

执行力经典案例分析

执行力经典案例1：老鼠给猫挂铃铛

有一群老鼠在一户人家的墙壁下打了洞，住了下来。可是主人家里有一只强壮的大花猫，经常守在洞口，老鼠一出去就会被抓住。有一天，老鼠们聚在一起开会，讨论怎样对付这只猫。一只被认为最聪明的老鼠说："凭我们的力量是打不过猫的，但是我们可以在它的脖子上挂个铃铛，一旦猫有动静，铃铛就会响，我们不就可以及时跑掉了吗？"所有的老鼠都认为这是个好主意，它们非常高兴，纷纷称赞那只老鼠。只有一只老鼠面有忧色，它说："可是，谁去挂铃铛呢？"

所有的老鼠都不说话了。

评析：无法执行的目标，只能是空想。

执行力经典案例2：地毯上的纸团

有家公司招聘一位质量管理的经理，开出的待遇很优厚，所以来了一大群应聘者。经过初步面试、复试之后，仍然有十余人，这些是所有应聘者中最优秀的人才，甚至于负责考核的人都难不住他们。最后一次考试的时候，公司的总经理亲自出马。让所有人感到意外的是，总经理把所有应聘者叫到一起，问了一些简单的问题后，竟然宣布所有人都未被录用。大家面面相觑，只得怏怏而去。这时，其中一位应聘者在离开之前，走到了门口，捡起地毯上的一个纸团扔进纸篓里。总经理很开心，对他说："恭喜你，你被录取了！这个纸团才是今天考试的内容。"

评析：细节决定成败，小小的一个举动体现的是责任心。

网络营销同样需要执行力，没有执行力的团队就像一盘散沙。想要建设一个具有强有力的执行力的团队，必须做到以下几点。

建立合理公正的奖惩机制

无规矩不成方圆，企业是一个系统，需要用严格的奖惩机制做保障，才能调动起员工的积极性。刘备在入蜀以后，看见蜀中在懦弱的刘璋的治理下，有罪不罚，导致民心涣散，所以他没有一味地采取仁政，而是建立了许多刑法。即便是广施仁政的汉高祖刘邦，进入关中之后也约法三章呢。从此可以看出奖惩机制的重要性，有功不赏、有过不罚都会损伤员工的积极性，不利于企业的发展。

培养有执行力的员工

执行力是一种工作方法，需要不断地训练，企业应当给员工提供锻炼的机会，在平时培养员工的执行力。例如要求员工制定符合实情的工作计划，按质按量完成任务；遇到困难要及时上报，协调解决问题；对不合理的方案进行调整，让指令能够更好地执行。

注重细节和过程

企业的执行力是由所有员工的执行力共同组成的，所以企业需要注重员工做事的细节和过程。首先要确定目标，制定方案将目标转化为可执行的计划。在这个过程中，上下级之间要充分做好沟通，以便及时调整。方案制定以后，要给每一个员工分配任务。分配的任务应当是具体的、有时限的工作内容，要做到明白无误，否则会拖慢整体的进程。

执行要果敢

执行力讲究的是雷厉风行、当机立断、敢作敢为。许多人在生活中有拖延症的习惯，到了公司办事的时候却能满负荷工作，就是因为公司的氛围让他们不敢放松，时刻保持亢奋状态，遇到事情能够立即解决。

执行力是一门学问，它贯穿在企业经营管理的始终，只有强有力的执行力才能让企业在激烈的竞争中立于不败之地。

排斥不认可网店的人

做网店肯定有一定的困难，不仅要忙着订货、发货、退货等琐事，还要经常发布广告，与客户沟通。这些都只是身体上的劳累，而人们对网店的怀疑与不认可却能让人感到心累，这也是网店店主和微商朋友们经常抱怨的内容。所以有的朋友就写文章说"说我产品不好的人，直接拉黑我就行了"，或者说"不肯投入哪来的投资？

花20块钱就想买到好的面膜吗？"相信很多人都见过类似的消息，看到这些话的时候是不是心里很不舒服？

　　网络营销人员不应该排斥不认可自己的人。做网店是一种营销方式，而只要是营销，就会遇到许多怀疑的目光，麦当劳做得那么大，也会被人当作垃圾食品的。假如你开的不是网店，而是小区门口的一个大超市，你敢在超市门口挂着一块牌子说"说我不好的人都别来"吗？做生意讲究和气生财，有些企业会与人产生争执，但是对立面是竞争对手，没有人愿意和客户起争执。

　　对待那些持有异议的声音，大部分人选择忽视，他们不愿意得罪客户，也不愿意去辩解，因为他们明白自己无法做到让所有人都满意。但是这种做法也有一定的局限性，很多时候，客户对你的网络营销活动有意见，比如说你的广告刻意夸大产品效果，看上去就很假。你晒出一张质量认证证书的图，试图说明产品质量没问题，但是真正做质量管理的人就会产生疑虑：质量认证是对一种产品来说的，企业一般会拿出数量很少的样品做认证，所以质量认证不能代表所有产品的质量。产品在实际生产过程中有许多的变动，有的时候一个批次的产品都是不合格的，所以只晒出质量认证证书是不能说明问题的，至少还需要一份某个批次的质量检验的结果以说明产品的实际生产是合格的。有的时候你发送广告太过于频繁，或者广告语气强硬都会让人感到厌烦。如果一味地屏蔽反对者的声音，就相当于掩耳盗铃。营销切忌自我感觉良好，更切忌给自己营造自我感觉良好的氛围！

客户对产品有疑虑是正常的，对你的推广活动有意见也是正常的，这是对网络营销效果的真实反映。对待不同的声音，店主们应当仔细聆听，努力改进营销策略。

客户排斥你的广告，不代表他们真的排斥广告这种形式，很有可能是你的广告做得太生硬，毫无新意不说，还会让人感到很不舒服。当麦当劳出来一溜 super 汉堡和薯条（是人穿着产品形态的卡通形象）在大街上遛弯儿，主动找小朋友拍照、拥抱、玩耍时，你还会反感这个广告吗？如果大街上出现可爱的玩偶向你发传单，或者向你发送小礼品，你会忍心拒绝吗？人们对广告与未知事物的本能反应是拒绝，但是生动的卡通玩偶却给人亲切感与安全感。所以并不是说人们不喜欢广告，而是说你做得还不够。

网络营销自从出现以后，就一直受到部分人群的非议和指责。网络营销本身存在许多难以解决问题，这也限制了它的发展。淘宝网上假货多，而微商们大多宣称产品完美无瑕，实际效果可能并没有这么好。所以消除异议的最好的办法就是保证产品的质量，不好的东西我不卖，好的东西我卖一个合适的价格，这样还会有人怀疑你的产品吗？

很多开网店、做微商的朋友非常重视打广告，好像只要广告刷得勤快就一定有很多人买一样，其实这也是不尊重客户的一种表现。在客户看来，朋友圈、QQ群、微博圈全被广告占领了，心里便会感到很不舒服。所以打广告不要太频繁了，尤其不要重复说废话。

与之相对的是，店主和微商很少关注客户，社交软件完全成了他们刷广告的工具。这种做法是非常不可取的，社交软件的用途不应该是为了传播一大堆数据，而是要花更多的时间去关注客户，为客户写出他们需要的信息。